학문과 실무를 연결하는
중간계 캠퍼스

설득 없이 설득되는
비즈니스
독심술

고객의 마음을 훔치는
4가지 설득 전략

신병철 지음

프롤로그

'독심술讀心術'은 말 그대로 '마음을 읽는 기술'입니다. 다른 사람의 표정을 살피거나 텔레파시, 육감 등으로 상대의 생각이나 감정을 알아내는 것을 말하죠. 누구나 한 번은 상대방의 마음을 읽고 싶다는 생각을 합니다. 그리고 그런 능력이 생긴다면 내가 하는 일에 아주 유용하게 쓰일 수 있겠지요. **그런데 상대의 마음을 읽는 방법이 정말 있는 걸까요?**

제가 이 책을 통해 알려드리고자 하는 것이 바로 **비즈니스에서의 독심술입니다.** 더 정확하게 표현하면, 굳이 내가 열심히 설득하지 않아도 상대방이 내가 바라는 방향으로 행동하게 만드는 방법을 알아보는 것입니다. 상대의 마음과 생각을 알아내려는 독심술의 목적이 바로 상대방이 내가 원하는 행동을 하도록 만드는 것이니까요.

상대방이 내가 원하는 방향으로 행동하게 하려면 일련의 과정이 필요합니다. 먼저 내가 전달하는 메시지를 상대가 이해해야 하고, 그 메시지에 대한 선호도가 높아지면서 그에 동의하는 절차를 거쳐야 하죠. 하지만 이 책에서는 이런 절차 없이 단번에 상대방이 내가 요청하는 대로 행동하게 만드는 방법을 이야기하고자 합니다.

다양한 비즈니스 영역 중에서도 독심술이 가장 필요한 분야는 서비스 마케팅입니다. 서비스 마케팅은 제품을 판매하는 것이 아니라 콘텐츠 등 '무형의 상품'을 판매하는 업입니다. 고객들은 일반 제품을 살 때보다 서비스를 구매할 때 더 심한 갈등을 겪습니다. 손에 잡히는 게 없는데 돈은 내야 하니 더 고통스러운 거죠.

서비스 마케팅에서 가장 판매 난도가 높은 제품은 어떤 것일까요? 바로 보험입니다. 강의나 학원 수강 같은 서비스는 만족스럽지 못하더라도 한 번 돈을 내면 끝입니다. 보험에 비하면 훨씬 손에 잡히는 것이고, 손실도 한정적입니다. 하지만 보험은 한 번 가입하면 평생 돈을 내야 하는 경우가 많습니다. 저는 1997년에 종신보험에 가입했고, 월 보험료 30만 원 정도를 20년이 넘게 계속 납부하고 있습니다. 앞으로도 10년 이상 내야 하고요. 납입 기간이 끝나면 보험료를 받을 수 있을까요? 아니요, 제가 사망한 후에야 보험료를 지급받을 수 있을 겁니다.

수십 년을 돈을 내고도 살아서는 제대로 돌려받을 수 없는, 서비스 마케팅 가운데 가장 난도가 높은 보험. 그래서 보험은 고객이 고민하지 못하도록 하는 것이 가장 중요합니다. 생각하지 않고 의사결정을 하게 하려면 생각 대신 마음이 움직여야 합니다. 설득하지 않고 설득해야 하는 것입니다.

이 책에서 말하려는 독심술의 방향이 분명하게 나왔습니다.

'설득하지 않고 설득하는 것.'

이것이 바로 독심술의 명확한 목표입니다. 이 목표 달성을 도와줄 네 가지 주제를 지금부터 살펴보겠습니다.

설득하지 않고 설득하다

1. 논리와 감성의 설득 프로세스
2. 행동 점화
3. 증거와 비교
4. 상호성

첫 번째, 논리와 감성의 설득 프로세스

사람은 논리를 타고 들어와서 감성적인 판단을 하는 존재입니다. 재미있는 건 논리로 시작하지 않으면 감성으로 넘어오지 않는다는 점입니다. 그래서 항상 논리에서 출발해야 합니다. 하지만 논리는 시작에 불과합니다. 논리적 코드에 상대방이 넘어오면 그다음부터 논리는 중요하지 않습니다.

두 번째, 행동 점화

사람의 미래 행동은 자신이 과거에 경험한 것에 의해 결정됩니다. 논리적으로 사고하지 않아도 '나는 ○○이 좋아'라는 생각이 들면 좋아하는 대로 하게 되는 겁니다. 앞서 겪은 경험에 따라 다음 행동이 결정되는데, 여기서 우리는 두 가지를 알아야 합니다. 첫째, 왜 그런 일이 벌어지는가. 둘째, 그러면 앞서 어떤 것을 경험하게 해주는 것이 중요한가. 이 책에서는 행동 점화와 관련해서 몇 편의 연구를 살펴볼 예정입니다.

세 번째, 증거와 비교

설득하지 않고 설득하는 세 번째 방법, 증거와 비교입니다. 이 중에서도 중요한 건 바로 '증거'입니다. 사람들은 증거를 따라서 움직입니다. 미국의 심리학자 스탠리 밀그램 교수가 진행한 유명한 실험이 있습니다. 복잡한 뉴욕 시내에서 한 사람이 하늘을 쳐다봅니다. 지나가던 사람들은 반응이 없습니다. 2명이 동시에 하늘을 쳐다보면 몇몇 사람이 하늘을 올려다봅니다. 3명이 하늘을 보고 있으면 더 많은 사람들이 하늘을 쳐다보고, 5명이 되면 그 효과는 매우 강력해집니다. 5명 정도가 앞에서 어떤 행동을 하면 사람들이 자기도 모르게 그 행동을 따라 하는 일이 벌어지는 것이죠. 횡단보도에서도 비슷한 상황이 연출됩니다. 한 사람이 빨간불에 건너가면 대부분의 사람들은 그냥 쳐다보면서 '왜 저러지?'라고 생각하고 맙니다. 그런데 2명이 걸어가면 마음이 흔들리기 시작합니다. 3명이 건너가면 갈등에 빠지고, 5명 정도가 빨간불에 횡단보도를 건너면 대부분 따라 건너게 되죠. 결국 증거를 만드느냐, 못 만드느냐가 중요합니다.

네 번째, 상호성

인간은 상호작용을 하는 존재입니다. 한없이 주기만 하거나 무조건 받기만 하는 관계는 거의 없죠. 내가 도와주면 상대방도 나를 도와주고, 내가 양보하면 상대방도 한발 물러서게 됩니다. 가끔은 내가 베푼 작은 호의가 아주 의미 있는 결과로 돌아오기도 합니다. 이러한 인간의 심리는 고객을 설득할 때 아주 강력한 도구가 될 수 있습니다. 이런 상호성을 어떻게 비즈니스에 적용할 수 있을지, 여러 연구를 살펴보며 생각해보겠습니다.

여러분이 하고 있는 비즈니스에 대해 '왜 반응이 없을까?' 혹은 '이게 과연 되는 걸까?'라고 생각하기 전에, 먼저 여러분 자신에 대해 세 가지 조건을 생각해야 합니다.

첫째, 그 일을 할 수 있는 실력이 나에게 있는가?

둘째, 내가 지금 하고 있는 일에 반응하는 소수의 고객이 있는가?

셋째, 내가 하고 있는 업을 키워나갈 나만의 철학이 있는가?

지금 말씀드린 세 가지 기준에 부합하면서 소비자가 공감할 수 있는 증거를 꾸준히 만든다면, 언젠가 여러분의 비즈니스에도 성공의 싹이 트게 될 것입니다.

독심술과 관련해서 앞으로 펼쳐질 내용 가운데 제 개인적인 이야기는 비중이 낮습니다. 이 책에서 다룰 내용은 세계적인 학자들이 수십 년에 걸쳐서 이룩한 연구 성과들이고, 그것들을 제가 주제에 맞게 정리해서 전달해드리고자 합니다.

이제 고객의 마음을 훔치는 독심술, 설득하지 않고 설득하는 방법에 대해 본격적인 이야기를 시작하겠습니다.

차례

TOPIC 1
선호도

1

논리와 감성의
설득 프로세스

1-1. Storage Bin Model, 기억의 절차

📑 관련 논문

Effects of instructions to disregard information on its subsequent recall and use in making judgments

저자 Robert Wyer, William Unverzagt

출처 Journal of Personality and Social Psychology (1985), 48(3), 533-549

사람은 어떤 절차를 거쳐 기억이라는 걸 하게 될까요? 먼저, 사람의 기억 절차를 증명한 논문을 한 편 소개하겠습니다. 지난 100년의 심리학 역사에서 20편의 위대한 논문을 뽑으라고 한다면, 지금 소개하는 논문은 그중 하나가 될 것입니다. 그만큼 영향력이 크고 중요한 연구라고 할 수 있습니다.

1984년까지는 사람의 기억이 완성되는 주요한 절차로 '리허설'을 꼽았습니다. 리허설이란 반복해서 해보는 것입니다. 무언가를 계속해서 반복하면 기억이 완성된다는 거죠. 제가 강의를 앞두고 여러 번 리허설을 해보면, 강의 내용이 더 잘 기억되어 실수할 확률이 낮아지고 더 좋은 강의를 하게 될 것입니다. 이처럼 리허설은 기억을 명확하게 해줍니다. 그래서 리허설을 하는 것이 기억의 핵심이라고 생각했습니다.

그런데 1985년에 미국의 심리학자 로버트 와이어 교수가 기억에 대한 새로운 이론을 내놓는데, 바로 '판단 이론Judgment Theory'입니다. 기억이 완성되는 데 리허설보다 더 중요한 것이 '판단'이라는 이론입니다. 단지 리허설만으로 기억할 수 있는 것이 아니라, 판단이라는 절차를 거쳐서 기억이 명확해진다는 것이죠.

예를 통해 이것을 이해해보겠습니다. '보다'라는 뜻의 영어 단어 2개를 살펴봅시다. 하나는 'see', 다른 하나는 'watch'입니다. 둘 다 '보다'라는 뜻의 동사인데, 사용되는 맥락은 조금 다릅니다. see는 특별한 의도 없이 그저 무심히 보는 것을 뜻합니다. 지하철역에서 회사까지 가는 동안 사람들은 거리에서 수많은 건물, 풍경 등을 무심히 보게 됩니다. 이처럼 별 의미 없이 보는 것을 'see'라고 합니다.

그런데 의도를 갖고 판단하면서 주변을 볼 때도 있습니다. 보통 새로운 곳에 가거나 여행을 할 때가 그런 경우죠. 이렇게 어떤 의도를 갖고 볼 때마다 판단하는 것을 'watch'라고 합니다. 'see'는 수많은 자극물이 그냥 지나가는 것이고, 'watch'는 그중에서도 내게 필요한 걸 잡아서 기억하려고 보는 행동입니다.

리허설이라는 관점에서 보면 의도보다는 반복이 중요합니다. 리허설 이론에 따른다면 영어는 어떻게 공부하는 게 좋을까요? 이해가 되든 안 되든 자막이 있든 없든, 그냥 반복적으로 영어를 접하다 보면 기억이 되어야 합니다. 그것이 리허설 이론의 핵심입니다. 그런데 아무런 의도 없이 영어를 반복하기만 한다면 그 효과는 매우 낮을 것입니다. 영어에 노출되는 것만으로는 기억이 구성되기가 어려운 거죠. 그래서 반복적인 리허설만으로는 기억이 되지 않는다는 것을 깨닫게 되었고, 이것을 보완하기 위해 세워진 새로운 가설이 바로 '판단 이론'입니다.

가설: 사람의 기억 구조는 2가지로 되어 있다.

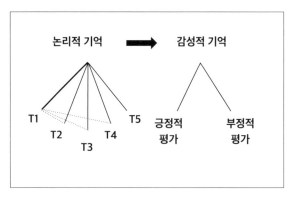

사람의 기억 구조

와이어 교수는 사람의 기억 구조가 2가지로 구성되었을 것이라고 가정했고, 그 가설을 증명하기 위해 실험을 진행했습니다. 그가 가정한 2가지 구조는 논리적Logic 기억과 감성적Feeling 기억입니다. 논리적 기억을 구성하는 하부구조를 '속성Trait'이라 하고, 감성적 기억의 하부구조를 '평가Evaluation'라고 이름 붙였습니다. 속성은 말 그대로 기억을 구성하는 세부 내용을 말하고, 평가는 그 속성을 보고 판단하는 감성적 판단을 말합니다. 대개 평가는 '좋다', '나쁘다', 즉 긍정적 평가와 부정적 평가로

설득 없이 설득되는 비즈니스 독심술

결정되죠.

그런데 와이어 교수는 논리와 감성, 이 두 가지 요소가 서로 붙어 있다고 생각했습니다. 논리와 감성이 서로 붙어서 하나의 그릇에 담겨 있는데, 이 그릇을 '빈Bin'이라고 불렀습니다. 빈은 비어 있는 통을 말하는데, 이 통에 담긴 것이 사람의 기억 구조에 해당하는 논리와 감성이기 때문에, 이 통을 '기억 저장소 Storage Bin'라고 부릅니다. 이 기억 저장소가 사람의 기억을 구성하는 최소 단위입니다.

새로운 정보: 중간계 캠퍼스

제가 진행하고 있는 중간계 캠퍼스를 예로 들어 사람의 기억 절차, 스토리지 빈 모형을 설명해보겠습니다. A라는 사람이 중간계 캠퍼스에 대한 이야기를 듣고 수업을 신청했다고 가정하겠습니다. A는 친구로부터 "중간계 캠퍼스의 강의는 고급지고 활용하기에 정말 좋아"라는 이야기를 들었습니다. 그러면 A에게는 중간계 캠퍼스 강의가 고급지고 활용성 높다는 '속성'이 제공됩니다. 속성이 들어오면 A는 이에 대해 짧은 순간에 좋은 건지 나쁜 건지 '평가'를 합니다. 이처럼 매우 짧은 시간 내에 속성이 제공되고 평가가 이루어지는 거죠. 이것으로 전체를 판단하게 되는데, 이렇게 판단이 이루어지면 기억이 완성됩니다.

일반적으로 사람이 느끼는 감정은 수십 가지에 이릅니다. 좋다, 싫다, 행복하다, 우울하다, 기쁘다, 슬프다, 즐겁다, 외롭다, 우울하다, 편안하다, 지루하다, 짜릿하다 등 많은 감정을 느끼죠. 그런데 흥미로운 것은 이 모든 감정이 결국 2가지로 수렴된다는 것입니다. '좋다', '싫다'의 감정입니다. "그 사람은 정말 세련됐어", "참 아름다운 사람이야", "그 사람 좀 까칠해" 등 사람에 대해 여러 가지 정서적 평가를 할 수 있는데, 이 평가들은 결국 "나는 그래서 그 사람이 좋아" 또는 "나는 그래서 그 사람이 싫어"라는 평가로 마무리됩니다. 이것을 위의 예와 연결해보면, A에게 중간계 캠퍼스에 대한 정보가 들어가면 여러 가지 감성적 판단을 하겠지만, 결국에는 중간계 캠퍼스가 좋은가, 싫은가로 평가하게 되는 것입니다.

여기서 중요한 건 첫 번째 정보가 들어오면 그 즉시 감성적 평가가 이루어지고, 이것을 중심으로 이후 정보도 통합된다는 것입니다. 예를 들어 "나는 그 사람이 좋아"라고 한 번 판단을 하면 그 사람의 신발, 쓰고 있는 볼펜도 좋아 보이게 됩니다. 처음 들어온 정보가 머릿속에 기억을 만들면 바로 감성적 판단을 하게 되고, 여기서 판단이 결정되면 이후에 들어오는 정보는 모두 처음 정보에 통합되는 효과가 있습니다. 이것을 '통합 작용Integration'이라고 합니다.

"난 중간계 캠퍼스가 좋아"라고 판단하면, 이후 강의 들으러 가는 길이 멀더라도, 강의실 의자가 불편하더라도 중간계 캠퍼스가 좋다는 판단은 계속될 것입니다. 사람은 한 번 판단을 하고 나면 처음 판단을 유지하려는 경향이 강하기 때문이죠. 그래서 처음 들어온 정보와 그 정보에 대한 판단이 중요합니다.

앞에 나온 그림에서 T1과 T2, T3, T4가 서로 연결되어 있는 것을 볼 수 있습니다. 서로 다른 속성들이 T1로 통합되는 과정을 표현한 것입니다. 이 선을 로버트 와이어 교수의 논문에서는 '조정작업Resolution'이라고 합니다. 불일치하는 속성을 통합해 나가는 과정, 조정해나가는 과정입니다. "중간계 캠퍼스가 좋아"라는 첫 번째 정보를 기억에 저장했다면, 이후에 들어오는 다소 불편한 정보도 긍정적인 방향으로 계속 통합해나가는 것입니다. 그래서 감성을 긍정적으로 유지하게 됩니다.

사람의 기억은 논리로 시작해서 결국 감성으로 떨어집니다. 하지만 논리가 없으면 아예 감성적 판단까지 가지 못합니다. 그래서 두 가지는 서로 연결되어 있으며, 이 둘을 묶어서 '기억 저장소'라고 합니다.

당신의 첫 번째 정보

와이어 교수의 연구를 살펴보며 우리가 생각해야 할 점은 명확합니다. 여러분의 비즈니스에서 첫 번째 속성, T1은 무엇인가요? 이것에 의해서 소비자 기억이 결정됩니다. 여러분의 비즈니스를 한번 생각해보세요.

비즈니스의 최초 정보는 무엇입니까?
그것은 긍정적입니까, 부정적입니까?
그것은 강력합니까, 약합니까?
그것은 구체적입니까, 추상적입니까?

사람이 가지고 있는 간단명료한 의사결정의 가장 강력한 휴리스틱이 바로 최초의 정보입니다. 그리고 그 최초 정보의 중요성을 증명한 것이 바로 로버트 와이어 교수의 연구입니다.

비즈니스에서 가장 중요한
최초의 정보는 브랜드명

비즈니스에서 가장 중요한 최초의 정보는 브랜드 이름입니다. 이것보다 더 중요한 정보는 없습니다. 고객이 그 비즈니스를 접할 때 가장 먼저 만나는 정보가 바로 브랜드 이름이기 때문이죠. 예를 들어보겠습니다.

대한민국 배달 비즈니스의 대표주자는 '배달의 민족'입니다. 이름 하나로 무엇을 하는 업인지 단번에 알 수 있습니다. 배달 서비스를 제공하는 브랜드, 배달의 민족. 직관적이고, 감각적이고, 명료합니다. 더군다나 '배달'이라는 말에는 '단군의 자손'이라는 의미도 있습니다. 한민족을 대표하기도 하면서, 배달이라는 서비스를 나타내는 중의적인 이름인 거죠. 아주 강력하고, 아주 독특한 브랜드 이름입니다.

'딱풀'이라는 제품 이름도 빠질 수 없습니다. 딱풀 하면 어떤 느낌인가요? 딱 붙는다는 느낌입니다. 어떤 제품인지 직관적으로 간명하게 알려줍니다. 역시 훌륭한 브랜드 이름입니다.

또 하나 빼놓을 수 없는 사례가 '햇반'입니다. 사람들이 가장 좋아하는 밥이 무엇일까요? 햅쌀로 갓 지은 따끈한 흰쌀밥입니다. 햇반은 바로 이 햅쌀밥을 그대로 표현해주고 있습니다. 참으로 좋은 브랜드 이름입니다.

이처럼 좋은 브랜드 이름은 그 자체로 효과가 크기에, 좋은 이름을 짓는 데 총력을 기울여야 합니다. 위의 사례에서도 알 수 있듯이, 브랜드 이름은 특정한 욕구를 대변하는 것이 좋습니다. 듣기만 해도 어떤 제품 혹은 비즈니스인지 바로 알 수 있게 하는 이름이 좋다는 말입니다.

브랜드 이름,
한 번 정하면 지워지지 않는다

최근 브랜드 자산에 대한 관심도가 증가하고 있습니다. '코카콜라'라는 브랜드는 금액으로 환산하면 얼마인지, 맥도날드나 나이키는 얼마인지, 이런 식의 뉴스를 심심치 않게 볼 수 있죠. 그런데, 대체 브랜드 자산이란 무엇일까요? 지금까지 연구된 내용을 종합하여 간명하게 정리하면, 브랜드 자산은 인지도와

연상으로 나누어집니다. 즉'얼마나 많은 사람이 해당 브랜드를 알고 있는가, 어떤 내용으로 알고 있는가'의 문제입니다(Kevin Lane Keller, 1998).

'블랙앤데커'의 실패

블랙앤데커Black & Decker는 원래 가정용 전동공구 전문회사입니다. 그런데 이 블랙앤데커가 소형 부엌가구 시장과 가사도구 부문으로 사업분야를 확장하기 위해, 1980년대 후반 제너럴 일렉트릭GE으로부터 소형 부엌가구 및 가사도구 부문을 인수하였습니다. 이때 브랜드명에 대한 고민이 생겼습니다. 블랙앤데커를 그대로 붙일까, 아니면 GE라는 이름을 가져올까 하는 문제가 발생한 것입니다. 여러분이라면 어떤 의사결정을 하겠습니까?

블랙앤데커는 새로이 인수한 사업분야에 대한 효과적인 브랜드 이름을 고민하다가, GE를 버리고 기존의 블랙앤데커라는 이름을 사용하기로 결정했습니다. GE가 더 널리 알려져 있기는 하지만, 블랙앤데커의 사업이므로 자사 브랜드 이름을 사용하는 것이 더 좋겠다고 판단한 것입니다. 이후 블랙앤데커는 이 부문에서의 브랜드 인지도를 높이기 위해 1년 6개월 동안 1억 달러를 광고비로 집행했습니다. 한화로 치면 약 1천억 원에 달하는 돈입니다.

이처럼 엄청난 비용을 지불한 블랙앤데커는 소형 부엌가구 시장에서 소비자 인지도 57%라는 마케팅 성과를 얻게 되었습니다. 언뜻 괜찮은 결과로 보입니다. 그러나 브랜드 선호도는 달랐습니다. 블랙앤데커가 GE를 인수한 지 3년 후, 미국 전역의 1천 가구를 대상으로 시행한 어느 조사 결과에 따르면, 소형 부엌가구 시장에서 브랜드 선호도는 블랙앤데커가 3%, GE가 12.8%를 기록했습니다. 이미 없어진 GE의 브랜드 선호도가 블랙앤데커보다 4배 이상 높았던 겁니다(David A. Aaker, Managing Brand Equity, 1991).

이 결과는 매우 흥미롭습니다. 조사가 이루어진 때는 소형 부엌가구 시장에서 GE가 사라진 지 3년이나 지난 시점이었는데도, 소비자들은 여전히 GE라는 브랜드를 선호했던 거죠. 브랜드 이름만 바뀌었을 뿐, GE와 블랙앤데커의 제품은 똑같은데도 말입니다. 블랙앤데커는 그동안 1억 달러라는 엄청난 금액을 광고비로 지출했지만, 소비자들의 머릿속에는 '블랙앤데커'하면 여전히 가정용 전동공구가 먼저 떠올랐고, 그 결과 브랜드 선호도에서 매우 낮은 수치를 기록하고 말았습니다.

브랜드 이름, 한 번 정하면 지워지지 않습니다.
처음부터 이름 짓는 것에
각별한 주의를 기울여야 하겠습니다.

1-2. 왜 감성적 판단이 더 중요할까?

사람의 기억은 반드시 논리적인 내용으로 시작해야 기억의 단위인 '스토리지 빈'이 만들어집니다. 논리로 시작된 기억은 감성적인 내용으로 마무리됩니다. 그런데 왜 사람의 기억에서 감성적인 판단이 중요하게 되었을까요?

사람이 나이가 들면 노여움이 많아진다고 합니다. 노년기에 들어서면 각종 활동이 줄어들면서 들어오는 정보의 양은 적은데 표출하는 감정의 양은 많아집니다. 낮에 지하철을 타면 노인들이 많이 앉아 있는 것을 볼 수 있죠. 만 65세 이상 노인은 무료 이용이 가능하니, 지하철을 타고 기점에서 종점까지 오가면서 시간을 보냅니다. 이때, 들어오는 논리적인 정보는 없는데 이미 저장되어 있는 감성적인 판단은 많죠. 그래서 감정이 올라오고 기복이 심해지는 겁니다.

감성적 판단이 더 중요한 이유는 무엇일까요? 원시 자연 상태에서는 감성적 판단이 더 효율적이기 때문입니다. 상황을 제대로 파악할 수 없을 때는 감성적 판단을 하는 게 생명을 유지하는 데 훨씬 더 유리합니다.

영양 한 마리가 강을 건너려는데 악어가 보입니다. 이때 영양은 어떤 판단을 내릴까요? '강의 폭은 10미터, 악어와의 거리는 12미터, 나는 시속 몇 킬로미터로 달릴 수 있고, 악어는 시속 몇 킬로미터로 움직이니, 강을 건너는 중 만날 확률은…' 이런 계산을 할까요? 강을 건너려던 영양은 악어를 보는 순간 그저 냅다 뛰어 도망갈 뿐입니다. 논리는 필요 없습니다. 살아야겠다는 감성적 판단에서 나오는 행동이죠. 감성적 판단은 죽지 않으려는 욕망에서 나옵니다.

"그래서 좋아, 싫어?"

사람의 감정은 수십 가지입니다. 화난다, 기분 좋다, 부끄럽다, 슬프다, 행복하다, 우울하다 등 인간의 다양한 감정은 결국 '좋다' 혹은 '싫다'로 결정됩니다. 2000년 이후 심리학 분야에서 진행된 정서에 대한 수많은 연구들은 '좋고 싫음의 문제'라는 결론에 이르고 있습니다.

사람이 어느 정도까지 감성적인지, 실제 사례를 통해 알아보 겠습니다. '강도 얼짱' 이야기, 들어보셨나요? 2004년 범죄자 공개수배 전단지에 '이미혜'라는 특수강도 피의자의 사진이 실 렸는데, 외모가 굉장히 수려했습니다. 이 공개수배 전단지가 전국에 뿌려지자 어떤 현상이 일어났을까요? 눈에 띄는 외모 가 큰 이슈로 떠올랐고, 정말 예쁘다는 칭찬을 넘어 이미혜 팬 클럽까지 만들어졌습니다. 특수강도 공개수배범인데 단지 얼 굴이 예쁘다고 팬클럽까지 만들어지다니, 논리적으로는 말이 되지 않는 일입니다. 하지만 논리는 중요하지 않습니다. **감성 적으로 좋다, 싫다만 판단한 겁니다.**

좋아하면 생기는 일들

'난 그 사람이 좋아'라고 생각하면 어떤 일이 벌어질까요? 그 사 람과 나를 동일시하기 시작합니다. 그래서 선호도가 높아지면 바로 '내집단 편향In Group Bias'으로 넘어갑니다. 저 사람과 내가 같은 편이라고 생각하는 내집단 편향은 감성적 판단에서 가장 강력한 효과를 발휘합니다. 내집단 편향에 들어가는 순간, 논리 같은 건 바로 사라지고 감성만 남습니다.

영국 축구팀 맨체스터 유나이티드의 팬이 길을 지나던 중에 넘어지는 사람을 발견했습니다. 그런데 넘어진 사람이 맨체스터 유나이티드 티셔츠를 입고 있다면 어떨까요? 길 가던 맨유 팬은 넘어진 사람을 얼른 일으켜줄 뿐 아니라 병원까지 데리고 갈지도 모릅니다. 반대로, 넘어진 사람이 경쟁 팀의 티셔츠를 입고 있다면? 맨유 팬은 그냥 지나가겠죠.

유럽에서는 자동차를 타고 얼마든지 다른 나라로 갈 수 있습니다. 단지 자동차 번호판 모양만 다를 뿐, 영국 차가 독일에서 다녀도 이상할 게 전혀 없습니다. 그런데 교차로에서 신호가 녹색불로 바뀌었는데 앞차가 출발하지 않는다면, 어느 나라 자동차 번호판을 달고 있느냐에 따라 경적을 울리기까지 기다리는 시간이 달라집니다. 내가 영국인인데 내 앞차가 영국 번호판을 달고 있을 경우, 평균 3.6초를 더 기다려준다고 합니다. 같은 나라 사람이니 3.6초 정도는 참아주다가 경적을 울린다는 거죠. 이게 바로 '내집단 편향'입니다.

결국 선호도를 높이면 내집단 편향이 바로 생겨나고, 그 후 논리는 중요하지 않게 됩니다. 남는 문제는 '어떻게 하면 나를 같은 팀으로 생각하게 할까'입니다. **고객이 나를 같은 팀이라고 생각하는 순간, 판매가 이루어집니다.**

논리의 역할은?

그럼 반대로 논리의 중요성은 없는 건가요? 논리는 감성적 판단으로 가기 위한 구실의 역할을 합니다. 만약 감성적 판단으로 넘어가지 않고 논리적 판단만 계속한다면 어떻게 될까요?

논쟁 → 반박 → 진압 → 감정의 반목

이와 같은 일들이 벌어집니다. 논리만 남으면 논쟁을 하게 되고, 반드시 상대의 논리를 반박하게 됩니다. 진압 모드를 쓰기 때문에 반박이 나올 수밖에 없습니다. 진압 모드 안에는 '승리에 대한 욕망'이 숨어 있습니다. 논쟁에서 이기고 싶은 거죠. 그러다 논쟁에서 진다면 바로 보복을 꿈꿉니다. 그래서 논쟁을 즐겨 하는 사람은 외롭습니다. 논쟁을 즐겨 한다는 건 이기고 싶은 욕망이 내 안에 숨어 있다는 말입니다. 만나면 매번 논쟁하고 이기려고만 하는 사람, 만나고 싶을까요?

'여도지죄餘桃之罪'라는 말이 있습니다. 위나라 왕의 총애를 받던 미자하라는 사람이 있었습니다. 왕이 데리고 있던 동자들 중한 명이었던 미자하는 특히 왕의 총애를 듬뿍 받았습니다. 미자하가 어느 날 어머니의 병간호를 위해 왕의 허락도 받지 않은채 왕의 수레를 타고 집으로 갔습니다. 신하들은 당연히 미자하를 벌해야 한다고 주장했죠. 하지만 이때 왕이 이야기합니다. "자기가 죽을 줄 알면서도 어머니 병간호를 하려고 내 수레를 타고 나가다니, 저 효심을 배워라!"

어느 날에는 미자하가 왕과 산책을 하다가 복숭아를 발견해 먼저 한입 베어 물고는 아주 달다며 왕에게 건넵니다. 또다시 신하들이 미자하를 처벌하라고 하자, 왕은 "그 맛있는 복숭아를 다 먹지 않고 나에게 주다니, 얼마나 나를 생각해주는 것인가?"라며 미자하의 행동을 칭찬합니다. 왕이 미자하를 예뻐할 때는 그런 행동이 전혀 문제가 되지 않았지만, 세월이 흘러 왕의 애정이 식자 미자하의 지난 잘못까지 불거지게 되었습니다. 결국 미자하는 왕의 수레를 함부로 이용하고 왕에게 먹다 남은 복숭아를 건넨 죄로 처형을 당하고 말았습니다. 논리적으로 문제 될 것 없고 오히려 본받으라고 했던 일이 왕의 마음이 바뀌자 불충

한 일이 되어버린 것입니다.

그런데 이 감성적인 판단은 굉장히 많이 바뀝니다. 한 심리학 연구에 따르면 사람의 마음은 평균 10~15초 사이에 한 번씩 바뀐다고 합니다. 결론적으로, 논리는 감성적 판단으로 가는 구실에 불과합니다. 토론으로는 합리적 결론이 도출될 확률보다 이기느냐 지느냐의 게임에 도달할 확률이 더 높습니다. 그래서 결국 **고객의 마음을 읽기 위해서는 '나를 좋아하게 만드는 것'에 대해서 생각해야 합니다.**

2

접촉 빈도가 높을수록
선호도가 높아진다

2-1. 빈도 효과 : 자주 접하면 선호도가 높아진다

이제 본격적으로 나에 대한 선호도를 높이는 방법에 대해 이야기하겠습니다. 이 책의 목표는 '설득하지 않고 설득하기'입니다. 상대가 나를 좋아하게 된다면 자연스럽게 설득으로 이어질 수 있겠죠. 그렇다면 나를 좋아하게 만드는 방법에 대한 구체적인 연구를 살펴보며, 우리가 실천할 수 있는 것들을 생각해보겠습니다. 선호도를 높이는 첫 번째 방법은 **'빈도 효과** Frequency Effect'입니다.

🗨️ 관련 논문

Mere Exposure: A Gateway to the Subliminal

저자 Robert B. Zajonc

출처 Current Directions in Psychological Science (2001), 10(6), 224-228

나를 좋아하게 만드는 첫 번째 방법은 접촉 빈도를 늘리는 것입니다. 여러분은 어떤 사람을 좋아하세요? 어떤 사람과 거래

하고 싶으신가요? 어떤 사람을 지원해주고 싶으십니까? **답은 자주 만난 사람입니다.** 자주 만난 사람이 더 좋고, 더 믿음이 갑니다.

'스톡홀름 증후군'이라고 들어보셨나요? 1973년 스웨덴 스톡홀름의 한 은행에 무장강도가 침입해 4명의 은행 직원을 인질로 붙잡았습니다. 6일 동안 잡혀 있던 직원들은 다행히도 무사히 풀려났는데, 이후 이해하기 어려운 일이 발생합니다. 무장강도의 재판에 증인으로 나온 인질들이 범인을 옹호하며 범인에게 불리할 것 같은 진술은 거부한 것입니다.

어떻게 이런 상황이 발생한 걸까요? 4명의 인질은 6일 동안 오로지 강도하고만 지냈습니다. 생명이 위협받는 극도의 공포 상황에서, 범인이 베푼 사소한 친절이 인질들의 마음을 움직인 것입니다. 말도 안 되는 것 같지만, 접촉 빈도가 높아지면 극단적으로 이런 일까지 생길 수가 있습니다.

미국의 심리학자 로버트 자이언스가 진행한 아주 간단한 연구를 살펴보겠습니다. 조지아 대학교의 74명의 피험자에게 한자를 보여줬습니다. 이때 한국, 중국, 일본 등 동양인 학생은 피험자에서 제외했습니다. 한자가 동양인에게는 익숙한 문자인데 반해, 서양인에게는 굉장히 어렵죠. 그래서 서양인 학생들만 피험자로 삼아 두 그룹으로 나눈 후, 한 그룹에는 5개의 한자를 5회씩 반복해서 보여주었고, 다른 그룹에는 25개의 한자를 1회씩만 보여주었습니다. 어느 그룹이 한자에 대한 선호도가 높았을까요? 한자를 반복해서 보여준 그룹의 선호도가 더 높았습니다.

이번에는 두 그룹에 전에 보았던 것들과 모양이 비슷한 한자를 보여주었습니다. 그리고 모양이 아주 다른, 그야말로 처음 보는 한자도 보여주었어요. 각각의 상황에서 선호도는 어땠을까요? 결과가 뒷장의 도표에 나와 있습니다.

도표에서 회색 막대는 5개 한자를 5회씩 본 그룹이고, 하얀 막대는 25개 한자를 1회씩 본 그룹입니다. 회색 막대가 훨씬 더 긴 걸 보니 기본적으로 반복 노출 그룹이 1회 노출 그룹보다 한자에 대해 긍정적이고 선호도가 더 높다는 사실을 알 수 있죠.

39

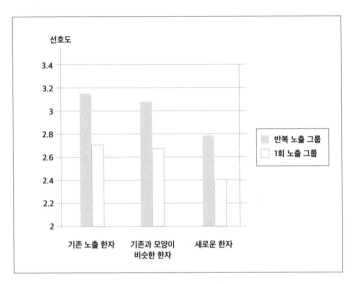

선호도

반복 노출 그룹
1회 노출 그룹

기존 노출 한자　　기존과 모양이　　새로운 한자
　　　　　　　　　비슷한 한자

노출 빈도에 따른 한자 선호도

　그리고 두 그룹 모두 기존 한자와 비슷한 모양을 보았을 때
가 아주 새로운 한자를 보았을 때보다 선호도가 더 높게 나왔
습니다. 즉 자주 본 글자에 대한 선호도가 높아진다는 결론이
나옵니다.

　자주 본 것에 대한 선호도가 높아지는 것은 아주 기본적인 이
론입니다. 더 중요한 건 적당히 나빠도 효과는 똑같다는 것입니

다. 적당히 나빠도 자주 보면 선호도는 저절로 높아집니다. 이를 '기억 수정 모형Schema Correction Model'이라고 합니다. 여기서 schema는 기억입니다. 기억에는 두 가지 조건이 있는데, 자주 보고 판단이 이루어지면 시간이 지나면서 기억의 양이 증가하고, 선호도도 높아집니다. 적당히 나쁜 이야기더라도 마찬가지입니다. 물론 경악할 정도로 나쁜 이야기는 효과가 없지만, 적당히 나쁜 이야기를 계속해서 하면 선호도가 증가하게 됩니다.

한 국회의원이 언론에 자신에 관한 기사를 많이 다뤄달라고 이야기했다고 합니다(단 자신의 부고 기사는 빼고요. 죽으면 소용이 없을 테니까요). 기사가 자주 보이면 선호도가 높아진다는 사실을 그 의원은 알았던 겁니다. 투표에서 누굴 찍을지 고민이 될 때 어떤 선택을 하게 될까요? 실제로 만나든 기사로 접하든 자주 눈에 띄었던 사람을 선택할 확률이 높아질 겁니다. 물론 이때도 음주운전, 외도 등 아주 나쁜 이야기는 예외입니다.

2-2. 기억 수정 모형

🗨️ 관련 논문

Category Accessibility and Social Perception: Some Implications for the Study of Person Memory and Interpersonal Judgments

저자 Thomas K. Srull, Robert S. Wyer, Jr.

출처 Journal of Personality and Social Psychology (1980), 38(6), 841-856

스토리지 빈 모델에 의해 어떤 대상에 대한 기억schema이 만들어집니다. "중간계 캠퍼스는 성인들을 위한 자기계발 교육을 하는 곳이야"라는 스키마가 만들어졌습니다. "신병철 박사는 학문과 실무의 중간계를 만들려고 해"라는 스키마도 만들어졌습니다. 그런데 기억이라는 게 다 좋은 것만 존재하지는 않습니다. 알고 보니 중간계 캠퍼스는 유튜브 영상 강의도 잘 안 되고 결제도 번거롭다는 등 크고 작은 불편함이 있을 수 있습니다.

그런데 어떤 정보가 제공되고, 그 정보에 대해 판단이 이루어지는 것만으로도 추가적인 정보 없이 저절로 기억의 내용이 증가합니다. 그걸 보여준 연구가 지금 살펴볼 '기억 수정 모형' 입니다.

토머스 스럴 교수와 로버트 와이어 교수가 아주 기가 막힌 연구를 했습니다. 96명의 일리노이 대학교 학생들에게 다양한 사람에 대한 정보를 읽어보게 했습니다. 사전 정보 및 구체적인 정보를 제공하는 것까지는 똑같았는데, 한 집단에는 판단을 요청했고, 한 집단에는 아무런 요청을 하지 않고 끝냈습니다. 두 집단에 동일한 정보가 제공되었지만, 한 집단은 판단까지 요구받았기 때문에 자세하게 살펴보게 되고, 한 집단은 아무런 요청이 없었기 때문에 그냥 정보를 보고 끝낸 상태입니다.

시간이 흐른 후, 살펴보았던 정보에 대한 기억의 양 변화와 선호도 변화를 측정했습니다.

뒷장의 도표에서 실선은 판단을 한 집단의 결과이고, 점선은 판단을 하지 않은 집단의 결과입니다. 왼쪽 그래프는 기억의 양 변화이고, 오른쪽은 선호도의 변화입니다. 판단을 한 집단은

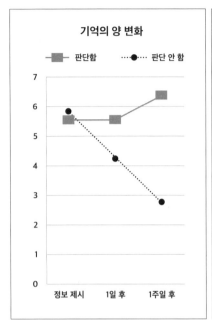

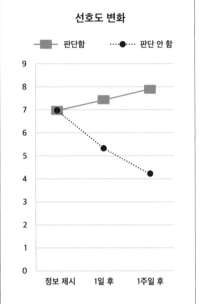

일주일이 지나고도 정보에 대한 기억의 양이 증가하고 선호도
도 증가했습니다. 반면에 판단하지 않은 집단은 기억의 양은 물
론 선호도도 떨어졌습니다.

그러니까 정보나 상황, 사람에 대해 판단을 하게 되면 추가
적인 정보가 없어도 저절로 기억 내용이 증가합니다. 하지만 판
단이 없으면 시간이 지나면서 기억이 소멸되는 겁니다. 제 수업
을 듣는 많은 분들이 이런 이야기를 합니다. "들을 때는 정말 재

←→
설득 없이 설득되는 비즈니스 독심술

미 있었는데, 집에 가면 생각이 안 나요. 저는 머리가 나쁜가 봐요." 머리가 나쁜 게 아니라 판단을 안 하는 겁니다. 제가 머리가 좋아서 이런 내용을 다 기억하고 있는 게 아니라, 판단을 계속 하기 때문에 기억하는 겁니다. 판단이란 그 순간에 '이건 이것이다'라고 정하는 거죠. 저는 이 연구를 박사 과정 수업 때 배웠는데, 이후로 이 논문을 본 적이 없지만 기억은 하고 있습니다. 당시 제가 이 연구에 대해 '기가 막힌 연구다! 내용은 이러하구나!'라고 판단을 했기 때문이죠. 전문가가 된다는 것은 판단을 조직화하는 것입니다.

선호도를 나타내는 오른쪽 그래프는 더 놀랍습니다. 판단이 이루어지면 시간이 지나면서 선호도가 높아집니다. 판단을 하지 않으면 시간이 지나면서 선호도가 낮아지는 것을 볼 수 있습니다.

이 연구는 와이어 교수의 스토리지 빈 모델 연구와 맥락을 같이합니다. 최초의 정보가 무엇으로 들어가느냐에 의해서 정서적 평가가 들어가고, 이때 판단이 이루어지면 시간이 경과하면서 논리적 가치도 증가하고 감성적 가치도 증가합니다.

선호도를 높이고 싶으십니까?
그러면 자주 접촉하십시오!

판단이 이루어지면,
시간이 지나면서 기억의 양이 증가하고 선호도가 높아집니다.

판단이 이루어지지 않으면,
기억의 양이 감소하고 선호도도 하락합니다.

그래서 중요한 것이 바로 최초의 속성을 무엇으로 할지
결정하는 일입니다.
비즈니스에서 최초의 속성은 바로 브랜드 이름입니다.

최초의 속성에 따라
지금의 고객 반응이 정해지고
이후의 고객 반응이 결정됩니다.

2-3. 오래된 관계일수록 서로를 잘 알까?

📑 관련 논문

Older but not wiser — Predicting a partner's pre-
ferences gets worse with age

저자 Benjamin Scheibehenne, Jutta Mata, Peter M. Todd

출처 Journal of Consumer Psychology (2011), 21(2), 184-191

지금까지 자주 보면 좋아진다는 내용을 살펴봤습니다. 그런데 모든 경우에서 그럴까요? 큰 흐름으로는 자주 보면 좋아지지만, 그렇지 않은 경우도 있습니다. 자주 보면 질릴 수도 있죠. 어떤 경우에 그럴까요? 몇 번을 보면 좋고, 몇 번을 보면 질릴까요? 이에 대한 연구를 살펴보려고 합니다.

패턴 인식

논문 제목이 'Older but not wiser', '오래되었지만 현명하지는 않다'입니다. 무슨 의미일까요? 58쌍의 남녀 커플이 있습니다.

만난 기간이 2년 남짓한 커플은 '영 커플Young Couple'로, 40년 정도 관계를 유지해온 커플은 '올드 커플Old Couple'로 분류했습니다. 이 두 집단에 질문을 던졌습니다. 내 파트너가 40가지의 음식, 40편의 영화, 38가지의 주방 디자인 중에서 무엇을 좋아할지 예측해보라고 했죠. 60%의 사람들이 자신의 파트너가 어떤 것을 좋아하는지 맞힐 수 있다고 예상했습니다. 하지만 실제 결과는 어떨까요?

실험 전에는 60%가 자신의 파트너가 무엇을 좋아하는지를 알아맞힐 수 있다고 생각했는데, 실제 결과는 60%에 한참 미치지 못했습니다. 그런데 더욱 놀라운 점은 올드 커플은 36%가 파트너의 기호를 제대로 예측했고, 만난 지 오래되지 않은 영 커

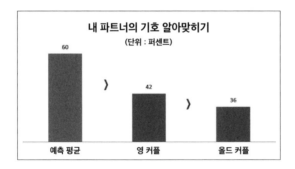

⟵ ⟶

설득 없이 설득되는 비즈니스 독심술

폴은 42%가 파트너의 기호를 알아맞혔다는 겁니다.

여기서 아주 중요한 시사점이 두 가지가 나옵니다. 첫 번째는 예측이 실제 결과를 압도한다는 점입니다. 자신이 예측한 것보다 실제 파트너에 대한 이해도가 형편없이 낮았죠. 두 번째는 오래될수록 파트너에 대해서 더 모른다는 겁니다. 그 이유를 '패턴 인식Pattern Recognition'에서 찾을 수 있습니다. '과거에 내 파트너가 이런 걸 좋아했으니 지금도 그렇겠지'라고 패턴 학습을 하게 된 겁니다. **패턴 학습이 이루어지면 예측이 쉬워집니다. 하지만 예측이 쉬우면 실수가 증가합니다.**

의료 사고가 왜 벌어질까요? 의사들의 패턴 인식 때문입니다. '이런 증상이 나타났으니 이 병이지' 하며 패턴을 인식해서 치료하는 거죠. 가수 신해철 씨를 위 축소술로 사망에 이르게 한 의사는 우리나라에서 위 축소술을 가장 많이 한 의사 중에 한 명이었다고 합니다. 임상경험이 많으니 '척 보면 압니다'가 되고, 그러다 보니 실수가 생기는 겁니다. 알고 보면 수많은 재난이 이 '척 보면 압니다'에서 벌어집니다.

49

⟵⟶

그래서 **리더일수록 패턴 인식에서 벗어나는 것이 중요합니다.** 패턴 인식에 익숙해지면 판단을 간단히 하게 됩니다. 판단을 간단히 하면 리더인 나는 편하지만, 예상치 못한 결과가 나왔을 때 잡아낼 수가 없습니다. 재난 상황에서 이런 경우가 자주 보입니다. 일본 후쿠시마 원전 사고가 왜 벌어졌을까요? "이 정도 지진으로는 쓰나미가 생겨봐야 30센티미터에 불과할 거다"라고 판단하고는 다 퇴근했다고 합니다. 그러나 실제 쓰나미는 3미터가 넘었습니다.

　그럼 패턴 인식에서 벗어나기 위한 가장 좋은 방법은 뭘까요? 세 가지를 조심하면 됩니다. 첫째, '척'하지 말기. 잘난 척, 아는 척, 있는 척을 하지 말아야 합니다. 둘째, '탓'하지 말아야 합니다. '이 사람 때문이야, 저 사람만 없었어도…' 등 일이 잘 안 풀리면 나오는 '탓'을 버려야 합니다. 셋째, '덕' 보려고 하지 말아야 합니다. 내가 열심히 하다 보면 다른 사람들이 알아서 나를 도와주게 됩니다. 다른 사람 덕을 보려고 하면 안 되죠. 덕 보려다 안 되면 바로 탓하기로 넘어가게 되거든요. **척하기, 탓하기, 덕 보기. 항상 붙어 다니는 이 세 가지를 경계해야 합니다.**

오래 봤다고 많이 아는 건 아니다

커플 실험의 세부 영역에서도 결과는 마찬가지입니다. 내 파트너가 좋아하는 음식, 영화, 주방 디자인을 고르는 실험에서 모두 영 커플이 올드 커플보다 예측 정확도가 높았습니다. 그러니까 단지 자주 보고 오래 보았다고 잘 아는 것은 아니라는 겁니다. 오히려 오래된 관계일수록 선호도는 떨어지고 지루함이 생기기 쉽습니다.

심리학에서 다루는 개인감정 중에서 부정적인 감정 두 가지가 외로움과 지루함입니다. 사람은 외로운 걸 견디지 못합니다. 외로움을 달래기 위해 필요한 건 단 한 명의 소울메이트입니다. 여러 명은 필요 없습니다. 한 명만 있으면 됩니다. 그런데 그 한 명과도 계속 보면 지루함으로 넘어갑니다. 단짝 친구여도 자주 보면 싸웁니다. 외로움과 지루함, 사람의 부정적 감정의 두 가지 원천입니다.

그렇다면 이제 남은 문제는 어떻게 하면 사람의 외로움과 지루함을 없앨 수 있을까에 대한 것입니다.

단지 자주 보고 오래보았다고
잘 아는 것은 아닙니다.

오히려 오래되면
틀릴 확률도 높아집니다.

상대방의 변화를 인식하기보다는
예전의 경험을 바탕으로
패턴 인식을 하려고 하기 때문입니다.

그래서 우리가 조심해야 할 것,
척하기
탓하기
덕 보기
입니다.

2-4. 오래되더라도 선호도가 높아지는 방법

📑 관련 논문

Schema Congruity as Basis for Product Evaluation

저자 Joan Meyers-Levy, Alice M. Tybout

출처 Journal of Consumer Research (1989), 16(1), 39-54

중간 불일치 가설

조앤 마이어스 레비 교수의 연구를 살펴보겠습니다. 이 연구의 기본적인 가설은 사람의 기억이 3가지로 분류된다는 것입니다. 다음 장의 도표를 보며 이야기를 이어나가겠습니다.

복잡해 보이는 도식이지만 간단히 설명하면, 가운데 있는 것이 '기본 수준Basic Level'이고, 위에는 '상위 수준Superordinate Level', 아래에는 '하위 수준Subordinate Level'이 위치합니다. 이 연구는 사람의 기억이 상위, 기본, 하위의 3단계라고 가정하고 그걸 증명한 연구입니다.

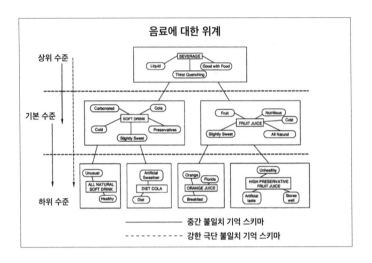

이해하기 쉽게 기본 수준을 2단계라고 하고, 상위 수준은 3 단계, 하위 수준을 1단계라고 하겠습니다. 마이어스 레비 교수 는 실험을 통해서 1단계를 이야기하다가 2단계를 이야기하면 어떤 일이 벌어지는지, 1단계를 이야기하다가 3단계를 이야기 하면 어떤 일이 벌어지는지 등을 살펴보았습니다.

Moderate Incongruity Effect, 중간 불일치 가설이라고 하는 데요, 적당한 수준의 서로 다른 정보가 들어오면 정보처리의 양이 증가합니다. 정보처리의 양이 증가하면 정보에 대한 빈도가 높아지면서 선호도가 높아집니다.

　기존의 기억에 새로운 정보가 들어왔는데, 기존 정보와 내용이 똑같다면 지루함 효과에 들어갑니다. 논리적인 정보처리가 일어날 일이 없으니, 정보처리를 거부하는 현상이 일어나는 것입니다. 1년 전이나 2년 전이나 3년 전이나 똑같은 제품, 똑같은 서비스라면, 보고 있어도 안 보이는 게 당연하겠죠. 그렇기 때문에 정보처리를 할 필요가 없어지는 겁니다.

　반대로 기존 정보와 완전히 다른 정보가 들어오면 어떻게 될까요? 깜짝 놀라게 되고, 새로 들어온 정보를 아예 다른 카테고리라고 생각해서 새로운 스토리지 빈을 만들게 됩니다. 그러니까 기존의 기억 내용과 너무 다른 정보를 떼어서 새로운 기억 내용으로 옮겨버리는 거죠.

익숙함과 새로움

사람들은 변함없는 내용이 반복되면 처음에는 좋아하지만, 대여섯 번 반복되면 지겨워합니다. 그렇다고 너무 다른 것을 선보이면 깜짝 놀라서 거부 반응을 일으킵니다. 그래서 오래되었지만 질리지 않게 하는 방법의 핵심은 **기존의 것에 일정수준의 다른 요소를 첨가하는 것**입니다. 그러면 기존에 있던 기억 내용과 새로운 정보를 통합시키려는 노력이 증가합니다.

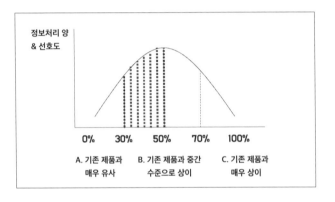

스토리지 빈 모형에 따라 최초의 속성1에 새로운 정보가 어느 정도 들어가면, 서로 다른 점은 있지만 통합하려고 하는 욕망이 생깁니다. 기존 속성과 새로운 정보를 통합하는 과정에서 정보처리의 양이 증가하면서 선호도가 높아집니다. 선호도가 높아지는 단계가 위 그래프의 굵은 점선 부분입니다. 수치로 보자

면 기존 정보에서 30~50% 정도의 상이점을 만들어주면, 사람들은 '와! 이런 게 있구나! 이건 뭐지?'라고 반응하며 정보처리의 욕망이 생기는 겁니다.

익숙함과 새로움의 법칙

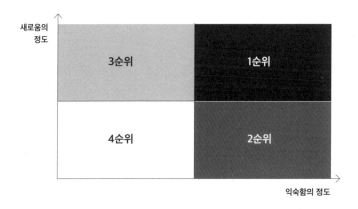

익숙함과 새로움의 정도에 따른 선호도 순위

결론입니다. 익숙함과 새로움의 법칙. 충분히 익숙한 상황에서 새로운 요소가 들어가면 '멋진데!'라는 반응이 나옵니다. 사람을 만날 때나 제품 또는 서비스를 접할 때도 마찬가지입니다. 익숙한 것이 반복되면 지루함을 느낍니다. 그런데 **아주 낯설지는 않은 새로운 요소가 추가되면 선호도가 높아집니다.** 정보처리의 원칙으로 들어가기 때문입니다.

이를 비즈니스 영역에서 생각하면, **'소비자는 새로움을 타고 들어와서 익숙한 대안을 선택한다'**가 됩니다. 새로운 메뉴는 어떻게 개발할까요? 익숙한 메뉴에 새로운 메뉴를 추가하는 겁니다. 그럼 새로운 메뉴는 어떻게 추가할까요? 그때 제안하는 것이 바로 세트메뉴입니다. 세트메뉴는 무한한 새로움을 만들 수 있습니다. 세트메뉴를 구성하는 각각의 요소는 기본적으로 익숙한 것입니다. 이런 익숙한 것들을 묶어서 세트로 만드는 순간 새로움이 자동으로 생깁니다. 그런데 여기서 중요한 건 세트메뉴를 만들면 반드시 이름을 붙여야 한다는 점입니다.

새롭게 선보이는 세트메뉴에 J1, N1, 이런 식으로 이름을 붙이면 안 됩니다. 이건 판매에 용이한 방법이지, 소비자는 J가 무엇이고 N이 뭔지 알 수가 없죠. 실속 세트, 연인 세트, 가족 세트, 이런 식으로 이름 짓는 게 좋습니다. 그래야 '이건 연인이 먹는 거구나, 이건 가족이 먹기에 적합한 구성이구나' 하고 알 수가 있습니다.

브랜드 전략의 시작은 이름을 붙이는 것입니다.

이름을 잘 지어야 하죠. 스토리지 빈 모형을 다시 생각해보겠습니다. 처음에 하나의 스토리지 빈이 생기면, 거기에 따라서 다음 반응이 나옵니다. 키워드가 정해지면 정해진 키워드에 따라 정서적인 반응이 나옵니다. 새로운 세트메뉴를 J1, N1으로 이름 지으면, 그다음 벌어지는 일들 역시 J1, N1으로 가는 겁니다.

접촉 빈도가 높아지면 선호도가 높아집니다.
그러나 계속된 익숙함은 지루함으로 변하기 쉽습니다.
새로운 요소가 들어가야 익숙한 요소가 빛을 발합니다.

익숙한 것 7
새로운 것 3
이것을 '익숙함과 새로움의 법칙'이라고 합니다.

소비자는
새로운 대안을 타고 들어와서
익숙한 대안을 선택합니다.

파스타에 변화를 주고 싶었던 한 음식점 사장님이 '○뽕○뽕'
이라는 브랜드를 만들었습니다. 짬뽕과 파스타의 퓨전 음식인
데, 처음에 사람들은 이 완전히 새로운 음식에 폭발적인 반응을
보였습니다. 하지만 이 브랜드는 더 이상 늘지 않고 점차 내려가
고 있습니다. 사람들은 이런 새로운 파스타를 몇 번이고 반복해
서 먹고 싶어 하지 않는 겁니다.

만약 그 사장님이 저에게 대안을 요청했다면 저는 어떻게 했을까요? 기존 메뉴 70%, 신메뉴 30%를 유지했을 겁니다. 그랬다면 사람들은 "와! 이런 파스타도 있구나"라고 하며 신메뉴도 먹고, 익숙한 메뉴도 먹었겠죠. 이렇게 새로운 대안과 익숙한 대안이 공존해야 합니다.

중간계 캠퍼스도 마찬가지입니다. 제가 중간계 캠퍼스에서 몇 년이고 똑같은 강의만 한다면 점차 지겨워질 겁니다. 그럼 수업을 완전히 바꿔버리면 어떻게 될까요? 사람들은 깜짝 놀라겠죠. 그러니 **기존의 70%는 두고, 30%를 바꿔야 합니다.**

3

서로 신뢰할수록
선호도가 높아진다

3-1. 유대인의 비밀

선호도를 높이는 두 번째 방법입니다.

어떤 사람과 거래하고 싶은가?
어떤 사람과 협업하고 싶은가?
어떤 사람을 지원하고 싶은가?
이 물음에 대해 지금까지 나와 있는 관련 연구를 종합하면 결론은 하나입니다. '**믿을 만한 가치가 있는 사람**'.

인텔, 스타벅스, 마이크로소프트, 오라클, 듀퐁, 델, 파라마운트, 페이스북… 이름만 들어도 로고가 떠오르고 어떤 기업인지 알 수 있을 법한 유명 브랜드들입니다. 이 회사들의 공통점이 뭘까요? 바로 유대인이 이끄는 기업이라는 점입니다.

이뿐만 아닙니다. JP모건, 시티그룹, 골드만삭스 등 현재 세계 금융시장을 쥐고 있는 큰손이 바로 유대인들입니다. 현재 유대인 총인구는 1500만 명 정도로, 전 세계 인구의 0.2%에도 미치지 못합니다. 그런데 이 작은 민족이 어떻게 세계 경제를 지배하게 되었을까요?

유대인들은 살아야 한다는 욕망이 큰 사람들입니다. 유대인의 율법에는 다른 종교들과 확연히 구별되는 두 가지 관점이 있습니다. 첫 번째가 선민사상입니다. 모두가 구원을 받는 게 아니라 오직 유대 혈통인 사람만이 심판의 날에 구원을 받는다고 믿습니다. 유대인들은 자신들만 선택받는다고 생각하기 때문에 내집단 편향이 벌어집니다. 반대로 유대인이 아닌 사람들에 대해서는 외집단 편향이 생깁니다. 유대인끼리는 무엇이든 다 품어주지만, 유대인이 아닌 사람들은 배척하는 겁니다.

유대교와 다른 종교의 차이 두 번째는 돈에 대한 관점입니다. 이 세상에 존재하는 대부분의 종교는 돈을 갖는 것을 탐욕의 상징으로 여겨 금기시합니다. 기독교에서는 부자가 천국에 가는 것은 마치 낙타가 바늘귀를 통과하는 것과 같다고 하고, 불교는 공수래공수거, 즉 인생은 빈손으로 와서 빈손으로 가는 것이니 욕심을 부릴 필요가 없다고 합니다. 이슬람교도 마찬가지입니다. 그런데 유대교는 그렇지 않습니다. 『탈무드』에서 이야

설득 없이 설득되는 비즈니스 독심술

기하는 두 가지 큰 슬픔이 하나는 부모님이 돌아가시는 것이고, 하나는 지갑에 돈이 없는 것입니다. 이렇듯 유대교는 거의 유일하게 돈을 좋아하는 종교입니다.

기독교 문화를 바탕에 둔 유럽에서는 돈을 만지는 일을 더럽다고 생각했습니다. 그래서 돈 없는 것을 수치로 여기던 유대인들이 돈 만지는 일을 맡게 됩니다. 그러면서 계좌, 장부 등의 개념을 만들어냈고, 그것들을 다양한 금융상품, 즉 은행 예금, 보험, 채권, 파생상품 등으로 발전시켜 나갔습니다.

그러다가 세계대전이 발발하자, 전쟁에 들어가는 막대한 돈을 충당하기 위해 각국은 유대인으로부터 돈을 빌립니다. 그리고 유대인은 그 대가로 지위의 격상을 노리죠. 두 차례의 세계대전 동안 막대한 전쟁 비용을 조달하고 월스트리트를 만들어 간 겁니다.

하지만 앞서 말했듯 유대인을 바라보는 다른 사람들의 눈길은 곱지 않습니다. 자신들을 향한 다른 민족의 부정적 시선과 마음을 돌리기 위해, 유대인들은 무엇을 중요하게 생각했을까요? 유대인들은 말한 바를 지키는 것을 가장 중요한 가치로 여깁니다. 죽지 않으려고 약속을 지키죠. 이런 유대인들이 만들어 낸 단어가 바로 credit, 신용입니다.

왜 유대인이 세계 경제를 지배하고 있을까요? 단 하나의 이유를 꼽으라면 바로 '신뢰'입니다.

3-2. 관계 형성의 비밀

 관련 논문

The Commitment-Trust Theory of Relationship Marketing

저자 Robert M. Morgan, Shelby D. Hunt

출처 Journal of Marketing (1994), 58(3), 20-38

미국의 다양한 산업군에서 장기적 거래 관계에 있는 회사를 대상으로 두 차례에 걸쳐 조사를 했습니다. 1차에서는 341개 회사, 2차에서는 1000개 회사의 상호관계를 조사했습니다. 알고 싶은 것은 세 가지입니다. 조직간 성과를 높여주는 변수는 무엇인가, 가장 중요한 핵심 변수는 무엇인가, 장기적 관계를 유지하기 위해서는 무엇을 조절해야 하는가?

수많은 연구와 조사를 모두 종합해보니, 거래 관계에서 가장 중요한 변수는 바로 신뢰였습니다. 신뢰는 약속을 지키는 일입니다. 약속을 지키면 서로가 몰입하게 됩니다. "네가 믿으니까

나도 믿을게." 이렇게 되어야 성과가 나옵니다. 모든 활동의 시작이 신뢰입니다.

그런데 이 약속을 지키는 일이 쉽지가 않습니다. 왜 그럴까요? 첫째, 순간의 상황을 모면하려고 하고, 둘째, 생각을 깊이 하지 않기 때문입니다. 다음에 벌어질 일들은 생각하지 않고 순간의 위기만을 모면하려고 하기 때문에 신뢰에 문제가 생기는 것입니다.

'경영의 신'이라고 불리던 일본 기업가 마쓰시타 고노스케가 이런 말을 남겼습니다. "경영이념을 갖는 것이 가장 먼저다. 그러나 그보다 먼저 갖춰야 하는 것이 신용이다." 현대그룹 창업자 정주영 회장은 이렇게 이야기했죠. "이윤이 안 나도 좋아. 하지만 신용은 잃지 마라."

그러나 요즘 기업에서는 리더가 '신용'이라는 말을 잘 쓰지 않습니다. 원가 절감, 성과 창출 등을 강조하며 목표로 삼습니다. 하지만 그러면 신용은 하락하겠죠.

유대인의 절대 가치, 신뢰.
신뢰는 어떠한 경영철학이나 이념보다 앞선 것입니다.

그렇다면 신뢰는 어떻게 결정될까요?

말하는 것과 행동하는 것의 일치.
약속한 것과 제시하는 것의 일치.

이것이 바로 신뢰입니다.

그리고 신뢰가 이루어진 상태를
Integrity라고 합니다.

Integrity는 안과 밖의 통일입니다.

4

외모 호감도가 높을수록 선호도가 높아진다

4-1. 아름다운 것은 좋은 것인가?

📋 관련 논문

What is beautiful is good, but⋯: A meta-analytic review of research on the physical attractiveness stereotype

저자 Alice H. Eagly, Richard D. Ashmore, Mona G. Makhijani, Laura C. Longo

출처 Psychological Bulletin (1991), 110(1), 109-128

이 논문은 사람들이 외모를 볼 때 어떤 정보처리가 이루어지는 가에 대해 연구한 '리뷰페이퍼'입니다. 기존의 여러 연구를 통합해서 외모와 능력의 상관관계를 연구한 것입니다. 논문 제목을 우리말로 풀어보면 '아름다운 것은 좋은 것이다. 하지만⋯' 이렇게 되겠죠.

다음 장의 표는 이 논문의 결론을 나타낸 것입니다. 외모가 뛰어난 사람이 사회적 경쟁력이 더 있을 것이라 평가받습니다. 그러니까 잘생긴 사람이 더 높은 자리까지 승진할 수 있을 것 같고, 경쟁에서도 이길 수 있을 것처럼 보인다는 겁니다.

속성	항목 간 효과	피험자 수	가중평균	가중평균 차이 검증
사회적 경쟁력		35	0.68	a
적응력		18	0.52	ab
잠재력		14	0.49	ab
지능	279.97	38	0.46	b
신뢰도		11	0.13	c
배려		22	0.01	c
종합 평가		39	0.57	ab

외모에 따른 자질 평가

사회적 경쟁력뿐이 아닙니다. 적응력, 잠재력, 지능, 신뢰도 등 모든 항목에서 외모가 뛰어난 사람이 더 좋은 평가를 받습니다. 잘생기면 적응도 더 잘할 것 같고, 더 큰 잠재력이 있을 것 같으며, 머리도 좋을 것 같고, 신뢰할 만하다는 겁니다. 다른 사람에 대한 배려 항목에서도 잘생긴 사람은 배려심이 더 많아 보인다는 평가를 받습니다. 전체적인 평가도 좋다고 하네요.

잘생기면 모든 항목에서 유효한 정도로 좋아 보인다는 결론
이 나왔습니다. 앞서 접촉 빈도와 신뢰에 관해 이야기했는데,
이런 것들을 뛰어넘을 수 있는 무기가 바로 잘생긴 외모라는 거
예요. 영화나 드라마의 주인공이 못생긴 경우가 있던가요? 없
지는 않지만 아주 드물죠. 잘생긴 사람들은 무조건 더 높은 선
호도를 갖고 시작하게 됩니다.

선거 후보자의 외모 효과

📑 관련 논문

Voters vote beautiful: The effect of physical appe-
arance on a national election

저자 Michael G. Efrain, E. W. J. Patterson

출처 Canadian Journal of Behavioural Science / Revue canadienne des sciences du
comportement (1974), 6(4), 352-356

앞서 살펴본 외모 관련 연구의 결과가 정말 맞는 것인지, 재미
있는 연구를 하나 더 보겠습니다. 캐나다와 미국에서 선거에 출

마한 후보자의 외모를 평가했습니다. 후보자의 경력 등 다른 요소는 제외하고 '외모만' 평가했고, 해당 후보자가 출마한 지역이 아닌 다른 지역의 유권자를 대상으로 조사했습니다. 아무런 정보 없이 단지 이 후보자가 잘생겼느냐, 못생겼느냐만 물어보았고, 실제 선거가 끝난 후 득표율을 비교했습니다.

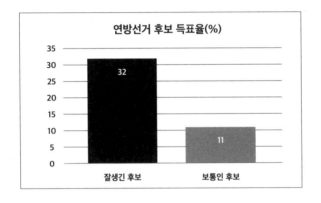

결과를 보면 다른 지역의 유권자들이 잘생겼다고 판단한 후보의 득표율은 32%, 보통인 후보의 득표율은 11%입니다. 즉 잘생긴 후보가 표를 3배나 더 많이 받은 거죠. 잘생기면 사회적 경쟁력이 높아 보이고, 머리도 좋아 보이고, 잠재력도 더 클 것 같고, 타인을 더 많이 배려할 것 같으며, 진실해 보이는 겁니다.

다른 연구에서도 결과는 마찬가지입니다. 외모와 관련된 재미있는 연구들이 많은데, 결론만 정리하면 다음과 같습니다.

· 인재 채용 시 잘생긴 지원자가 더 많이 고용됩니다.
(Mack & Rainey, 1990)

· 잘생긴 직원이 13% 더 많은 급여를 받습니다.
(Hammermesh & Biddle, 1994)

· 위험한 상황에서 잘생긴 사람이 더 많은 도움을 받습니다.
(Benson, Karabenic & Lerner, 1976)

· 선생님도 잘생긴 아이가 더 영리하다고 생각합니다.
(Ritts, Patterson & Tibbs, 1992)

외모가 뛰어난 사람이 그렇지 못한 사람들에 비해 받는 혜택이 더 좋네요. 이러니 사람들이 성형수술을 고민하는 것 같습니다.

4-2. 타인에 대한 판단은
순식간에 이루어진다

📑 관련 논문

First Impressions: Making Up Your Mind After a 100-Ms
Exposure to a Face

저자 Janine Willis, Alexander Todorov

출처 Psychological Science (2006), 17(7), 592-598

외모에 대한 또 다른 재미있는 연구가 있습니다. '상대방의 외모를 보고 얼마나 빨리 판단이나 결정을 내리는가?'입니다. 프린스턴 대학교 학생 245명을 5개 집단으로 나누어 66명의 남녀 얼굴 사진을 보여주면서 인물의 특성을 추론해보라고 했는데, 5개 집단에 각각 매력도, 호감도, 경쟁력, 신뢰성, 열정을 판단하라고 했습니다. 66명의 사진 중에서 22개는 0.1초 동안, 그러니까 아주 잠깐 보여주었고, 22개는 0.5초 동안, 나머지 22개는 1초간 보여주었습니다. 과연 사진을 노출한 시간에 따라 판단의 차이가 있었을까요?

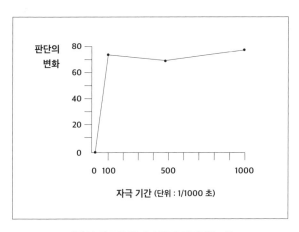

사람의 외모를 얼마나 빨리 판단하는가?

위 그래프가 결과를 보여줍니다. 5가지 항목에서 모두 사진
을 보고 0.1초 만에 판단이 이루어졌습니다. 0.5초와 1초 동안
사진을 보여주었을 때도 0.1초 만에 판단은 이루어지고 나머지
시간은 그 판단을 확인하는 절차라는 것이 실험을 통해 드러났
습니다. 그 이유는 뭘까요? 스토리지 빈 모형입니다. 초반에 어
떤 정보가 들어와서 판단이 이루어지면 정서적 판단으로 넘어
가게 되고, 그 이후에 들어온 정보는 처음의 정보를 중심으로
계속 통합되는 겁니다. 한 번 판단을 하고 나면 좀처럼 바뀌지
않습니다. 처음에 잘 보여야 한다는 거죠. 첫인상이 중요한 이

유가 바로 여기에 있습니다.

이런 결과를 보면 '사람에게 생각이라는 게 있기는 한 걸까?'
싶기도 합니다. 그냥 한눈에 보고 '좋다' 혹은 '나쁘다'를 결정
한 후 그대로 가는 겁니다.

외모는 상대를 판단하는 데
가장 강력한 영향을 미칩니다.

잘생긴 사람이 더 경쟁력 있고, 적응력도 높으며,
가능성 많고, 정직하고, 똑똑할 것이라고 생각합니다.

잘생긴 후보가 뽑힐 확률은 3배 더 높습니다.
인재 채용 시에도 잘생긴 지원자가 더 많이 고용됩니다.
잘생긴 직원이 13% 더 많은 급여를 받습니다.
위험 발생 시 잘생긴 사람이 더 많은 도움을 받습니다.
선생님도 잘생긴 아이가 더 영리하다고 생각합니다.

외모 호감도는 0.1초면 완성됩니다.

외모를 극복할 수 있는 방법은 2가지!
활짝 웃는 것.
인사 잘하는 것.

4-3. 누가 최종적으로 선발되는가?

📑 관련 논문

The Effect of Applicant Influence Tactics on Recruiter Perceptions of Fit and Hiring Recommendations: A Field Study

저자 Chad A. Higgins, Timothy A. Judge

출처 Journal of Applied Psychology (2004), 89(4), 622-632

채드 히긴스 교수의 연구를 살펴봅시다. 히긴스 교수는 워싱턴 대학교에서 인사 분야를 가르치는 교수입니다. 그는 대체 어떤 사람들이 최종 면접에서 선발되는지 궁금했습니다. 그래서 월 스트리트의 주요 기업 인사 담당자들을 인터뷰했습니다. "어떤 사람을 뽑으려고 합니까?"라는 물음에 대개 두 가지로 대답이 나왔습니다. 첫째, 현재 우리 회사가 요구하는 핵심 역량을 갖추고 있을 것, 둘째, 장기적인 관점에서 잠재력을 갖고 있을 것. 그런데 실제로도 그런 사람을 뽑을까요?

워싱턴 대학교 인문학부 학생 116명을 대상으로 3회에 걸쳐 조사했습니다. 셀프 모니터링, 셀프 프로모션, P-E(Person–Environment), P-O(Person-Organization) P-J(Person-Job) 등을 측정해서 어떤 사람들이 최종 선발되는지를 분석했습니다.

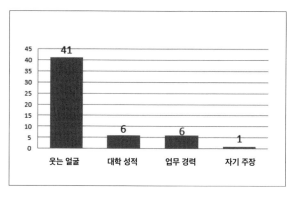

채용 면접에서 영향을 미치는 요소 (단위 : 퍼센트)

기업에서 사람을 선발하는 데 가장 강력한 영향력을 행사하는 요소는 무엇일까요? 그래프에서 보듯 '**웃는 얼굴**'이 나머지 요소를 압도하고 있습니다. 면접 대상자들은 사전에 웃는 연습을 좀 하고 오기 때문에 면접장에서도 준비된 웃음을 보이죠. 그런데 여기서 말하는 '웃는 얼굴'이란 그런 어색

한 웃음, 흔히 말하는 '썩소'가 아닙니다. 정말 자연스럽게 활짝 웃는 것입니다. 활짝 웃는 사람을 보면 나도 모르게 기분이 좋아지고, 그게 면접 결과에 큰 영향을 미치게 됩니다. 대학 성적과 업무 경력이 그 뒤를 따르고 있네요. 하지만 웃는 얼굴에 비하면 그 비중은 매우 낮습니다.

채용에 영향을 미치는 요소

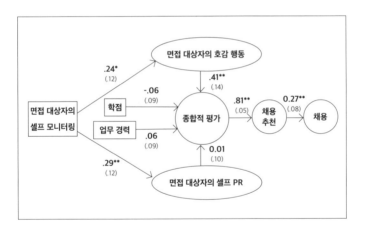

선발 과정을 조금 더 자세하게 보겠습니다. 먼저 면접 대상자가

설득 없이 설득되는 비즈니스 독심술

자신이 채용 면접에 임하고 있다는 사실을 자각합니다. 그러면 스스로 돌아보기 시작합니다. 자신을 모니터링하는 거죠.

셀프 모니터링은 두 갈래로 나뉩니다. 도표에서 중앙 상단에 있는 '면접 대상자의 호감 행동'은 업무의 본질과 상관없이 호감도를 얻으려는 노력을 말합니다. 활짝 웃는 얼굴이나 자신감 있는 태도, 면접관과 면접 대상자 사이의 유사한 취미 여부, 눈맞춤 등, 업무와 관련 없는 요소들이죠. 반대로 중앙 하단에 있는 '면접 대상자의 셀프 PR'은 자신이 이 업무에 적합하다고 스스로 주장하는 것입니다. 예컨대 무역회사 면접이라면 "저는 무역 관련 강의를 20학점 수강했습니다", "무역회사에서 8개월 동안 인턴 활동을 했습니다"와 같이, 업무와 관련 있는 경험을 이야기하는 거죠.

그러니까 셀프 모니터링이 시작되는 순간, 면접 대상자들은 자신을 예쁘게 포장하려고 노력함과 동시에 자신의 강점을 드러내기 시작합니다. 순식간에 두 가지 상황이 벌어지는 거예요. 위 도표에서 숫자 옆에 별표가 2개인 것은 1/1000 수준에서 유의미한 효과가 있다는 말입니다.

그런데 중요한 건 면접관의 생각입니다. 면접 대상자가 셀프 프로모션을 시작하면 면접관은 평가를 시작하는데, 이런 셀프 프로모션은 어떤 영향을 줄까요? 도표에 별표가 없는 수치들이 나와 있는데, 이것은 영향력이 낮다는 뜻입니다. 자신이 이 업무에 적합하다고 열심히 설득하는 행동은 실제 채용에 영향을 미치지 못한다는 거죠. 무역과 관련해서 어떤 능력이 있고 어떤 경험을 했는지 이야기하며 스스로를 업무에 맞는 사람으로 애써 포장하지만, 이런 노력은 별 효과가 없는 것으로 나타났습니다.

그런데 놀라운 건 업무와 관계 없는 노력이 면접관에게 주는 영향입니다. 별표가 두 개 표시되어 있죠. 예쁘게 보이려는 노력이 면접에서 효과가 있다는 겁니다. 학점이나 관련 업무 경력 등은 영향을 미치지 못하고, 4가지 변수 중에서 오로지 예뻐 보이는 것만 영향력이 있습니다. 그중에서도 활짝 웃는 얼굴이 채용에 큰 영향을 주는 것입니다.

활짝 웃는 얼굴의 효과

속성	직접 효과	간접 효과	종합 효과
직무 비관련 요소	.04	.33**	.37
직무 관련 요소	.04	.02	.06
전체 적합도	.79**	—	.79**

**p < .01

채용에 영향을 미치는, 직접, 간접, 종합영향력 평가표

연구 결과를 다시 표로 정리하면, 업무와 관련 없이 호감도를 높이는 장치들이 결과에 영향을 미치고, 최종 .37의 영향력을 갖습니다. 반대로 업무 관련 요소를 돋보이게 하는 셀프 프로모션은 .06의 영향력을 갖습니다. 채용에 1%도 영향을 못 준다는 말입니다. 그러니까 사람들은 사물이나 타인을 판단할 때 논리에 근거해서 하는 것처럼 보이지만, 사실은 전혀 논리적이지 않습니다. 직무 관련 내용은 왜 영향을 주지 못할까요? 판단하고 싶어도 판단할 능력이 안 되니까요.

이번에는 전남대학교에서 진행한 연구를 살펴봅시다. 직원

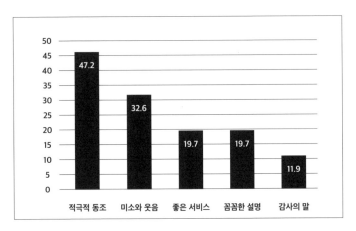

직원의 태도에 따른 고객 만족도 (%)

이 어떻게 응대할 때 고객이 심리적으로 고마움을 느끼고 물건을 사게 되는지 조사했습니다. 첫 번째는 고객의 말이나 반응에 동조하는 것입니다. "이 빨간색 괜찮네요"라고 말하면, 직원이 "잘 보셨네요! 요즘 빨간색이 트렌드입니다"라고 대응해주는 겁니다. 두 번째가 미소와 웃음입니다. 그렇다면, 미소와 웃음을 동반해서 고객에게 적극적으로 동조한다면? 그 순간 고객은 호감을 느끼고 물건을 구매하게 되는 것이죠. 좋은 서비스, 꼼꼼한 설명, 감사의 말 등은 앞의 두 가지에 비해 효과가 떨어집니다.

4-4. 웃는 사람의 인생은 달라지는가?

📑 관련 논문

Smile Intensity in Photographs Predicts Longevity

저자 Ernest L. Abel, Michael L. Kruger

출처 Psychological Science (2010), 21(4), 542-544

웨인 주립대학교의 에이벨과 크루거가 진행한 연구입니다. 30년 전 미국 프로야구 선수들의 웃는 얼굴과 수명의 관계를 추적했습니다. 프로야구 선수들이기 때문에 30년 전 사진을 쉽게 구할 수가 있었습니다. 그래서 그 사람의 지금 모습과 30년 전 모습을 비교해보았습니다.

웃는 사람이 더 오래 산다

결과를 살펴볼까요? 30년 전 활짝 웃었던 선수들(Beaming Smile)은 평균 수명이 79.9세, 활짝 웃지는 않지만 어느 정도 미소를 지었던 선수들(Slight Smile)은 75세, 웃지 않는 선수들(No

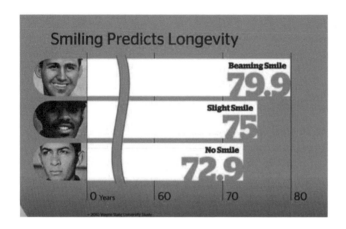

Smile)의 평균 수명은 72.9세였습니다. 활짝 웃는 사람과 안 웃
는 사람의 수명이 7년의 차이를 보입니다. 물론 7년 더 사는 것
에 크게 개의치 않는 사람도 있겠지요. 하지만 7년은 짧은 시간
이 아닙니다. 특히 이 사람들은 활짝 웃으면서 7년을 더 사는 겁
니다. 제가 이 책에서 계속 이야기하는 것이 "앞에서 경험한 대
로 뒤에서도 경험한다"입니다. 앞에서 웃으면 뒤에서도 웃습
니다. 앞에서 심각하면 뒤에서도 심각합니다. **지금 모습대
로 앞으로의 인생이 차이가 나는 겁니다.** 그래서 활
짝 웃는 사람의 7년은 결코 짧은 시간이 아닙니다.

설득 없이 설득되는 비즈니스 독심술

생명 단축의 길

📑 관련 논문

Expressions of positive emotion in women's college yearbook pictures and their relationship to personality and life outcomes across adulthood

저자 Lori Harker, Dacher Keltner

출처 Journal of Personality and Social Psychology (2001), 80(1), 112-124

버클리 대학교의 하커와 켈트너의 연구입니다. 30여 년간 추적 조사를 통해 여성들의 미소짓는 습관이 현재 생활에 어떤 영향을 미치는지를 연구했습니다.

미국의 어느 대학교 졸업앨범 사진에서 여대생 여러 명을 선발했고, 그들의 21세, 27세, 43세, 52세의 모습에 대해 6가지 항목을 측정했습니다. 그 결과 30년 전 졸업앨범 사진에서 환한 미소를 짓던 사람들이 더 행복하고, 더 소속감을 갖고 있으며, 더 잘 성장하고, 더 경쟁력도 높고, 더 오래 살았습니다. 반면에 30년 전 사진에서 안 웃던 사람들은 지금 부정적인 정서에 더 많이 노출되어 있습니다.

	21세	27세	43세	52세
긍정적 정서	-20	-0.3	0.2	.10
부정적 정서	-.37**	-.21*	-.21*	-.27

그런데 효과를 보면 부정적인 정서가 더 강력합니다. 수치에 모두 별표가 되어 있죠. 그만큼 영향력이 크다는 말입니다. 그러니까 웃는 사람이 오래 산다기보다, 안 웃는 사람이 빨리 죽는다고 할 수 있습니다. 그래서 부정적인 정서에 노출되어 있으면 생명 단축의 길을 걷고 있는 셈입니다.

잘 웃는 사람들이

더 행복하고,
이혼율이 낮고,
더 잘 어울리며,
더 활동적이고,
더 성공적이며,
더 오래 삽니다.

웃으면 복이 옵니다.

4-5. 웃음의 또 다른 효과들

외모 호감도를 높이는 방법에 대해 이야기하고 있습니다. 예쁘고 잘생긴 외모가 첫 번째 방법이고, 두 번째가 활짝 웃는 것입니다. 예쁘고 잘생긴 분들은 웃는 연습만 하면 되니 복 받으신 겁니다. 그런데 만약 두 가지 중에 하나만 가질 수 있다면 어떤 걸 선택하는 게 좋을까요? 저는 활짝 웃는 능력이 더 좋다고 생각합니다.

초콜릿 바 2천 개

사람이 웃을 때면 뇌에서 도파민이라는 물질이 분비됩니다. 도파민은 일종의 마약 성분으로, 아주 괴로울 때 도파민을 투여하면 효과를 볼 수 있습니다. 그런데 사람이 한 번 웃을 때 분비되는 도파민의 양은 무려 초콜릿 바 2천 개를 먹어야 얻을 수 있는 양이라고 합니다. 초콜릿 바 하나에 1천 원이라고 하면 2백만 원을 써야 하는 건데, 한 번 웃는 것으로 그 양을 충족시킬 수 있는 거죠. 그래서 웃어야 합니다. 한 번 웃으면 2백만 원을 버는 겁니다.

판단, 분별, 비교, 평가는 웃음의 적

사람은 원래 웃는 능력을 타고났습니다. 아기들을 보면 생긋 생긋 잘 웃습니다. 어린아이들이 잘 웃는 건 진화론적 이유 때문입니다. 예쁜 짓을 해야 사랑받는 걸 알기 때문에 생명을 유지하기 위해 웃는 것이죠. 그러니까 아이들에게 웃음은 생명 유지 장치입니다. 그래서 아이들은 잘 웃고, 어른들은 잘 웃지 않습니다. 아이들은 하루에 400번 웃고, 어른들은 7번 웃는답니다.

왜 잘 웃게 태어나서 안 웃게 되었을까요? 어른이 되면서 고생을 했기 때문인데, 그 고생의 종류가 4가지입니다. 몸이 힘든 건 고생이라고 볼 수 없습니다. 정신적으로 힘든 것이 진짜 고생이죠. 정신적으로 여러분을 고생시키는 4가지는 판단, 분별, 비교, 평가입니다.

제가 가끔 간단한 요리를 하는데, 요리하는 과정 자체는 힘들지 않습니다. 오히려 재미있죠. 그런데 평가의 시간이 오면 힘들어집니다. 맛이 없다, 짜다, 탔다 등 제가 한 요리에 대해 판단, 분별, 비교, 평가가 들어오면 아주 괴롭습니다. 회사에서도 그렇죠. 직장인들은 항상 판단의 대상이 되고, 비교되고, 분별되고, 평가받습니다. 그러다 보니 점점 웃음이 줄어들게 되는 거예요.

사람들은 왜 웃는 얼굴을 좋아할까?

그런데, 왜 사람들은 잘 웃지는 않으면서 웃는 걸 좋아할까요? 그 이유를 신경생리학적으로 말하면, 사람들은 원시 상태에서는 처음 보는 사람에게 경계심을 갖습니다. 경계심은 자신의 힘이 약할수록 더욱 커집니다. 그래서 본능적으로 남성보다는 여성이 더 큰 경계심과 두려움을 갖습니다. 생소한 것에 접근하지 않으려는 경향도 여성이 더 높습니다.

그런데 처음 만난 사람이 활짝 웃으면 어떤 생각을 하게 될까요? 상대가 나에게 적대감이나 공격 의도가 없다고 느끼게 됩니다. 저 사람이 나의 적이 아니라는 아주 중요한 신호가 웃음인 거죠. 이렇듯 웃음은 나에 대한 선호도를 높이는 효과를 가져올 뿐 아니라, 상대를 안심시키는 역할도 합니다. 이것이 바로 사람들이 웃는 얼굴을 선호하는 이유입니다.

5

작은 칭찬에도
선호도가 높아진다

5-1. 사람은 타인의 칭찬에 어떻게 반응할까?

📑 관련 논문

The extra credit effect in interpersonal attraction

저자 David Drachman, Andre deCarufel, Chester A. Insko

출처 Journal of Experimental Social Psychology (1978), 14(5), 458-465

노스캐롤라이나 대학교 124명의 피험자를 대상으로 실험을 진행했습니다. 피험자들에게 과제를 내주고, 수행한 과제에 대해 긍정 평가, 부정 평가, 복합 평가를 제공했습니다. 복합 평가라는 건 긍정과 부정의 평가를 같이 제공했다는 의미입니다. '이건 잘하셨지만, 이 부분은 개선이 필요합니다' 이렇게 평가한 거죠.

각각 평가를 마치고, 이번에는 피험자들에게 평가자에 대해 평가하도록 했습니다. 우리가 생각할 때 긍정적인 평가를 받은 사람들은 평가자를 높이 평가하고, 부정적 평가를 받은 사람들은 평가자를 낮게 평가하며, 복합 평가를 받은 사람들은 중간 정도의 평가를 할 것 같습니다. 결과는 어땠을까요?

충고도 하지 마세요

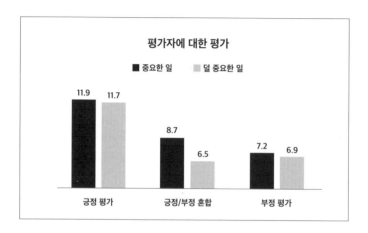

긍정적인 평가를 받은 사람들은 예상대로 평가자를 좋게 평가
했습니다. 그런데, 복합 평가를 받은 사람이나 부정적 평가를
받은 사람들의 평가자에 대한 의견은 큰 차이가 없습니다. 평가
자를 썩 좋게 보지 않은 거죠. 많든 적든 자신이 부정적인 평가
를 받았기 때문입니다.

그래서 저는 항상 "쓸데없이 충고하지 말라"라고 이야기합니다. 조언을 요청하지도 않았는데 먼저 나서서 "내가 볼 때 너는 이것만 하면 정말 좋아질 것 같아"라고 한다면, 듣는 이는 고맙다고 대답은 하면서도 속으로는 '너나 잘하세요'라고 생각할 겁니다. 그래서 **그 사람이 원하지도 않는데 도와준다는 마음으로 쓸데없이 충고하는 것은 삼가야 합니다.** 곧바로 정서적으로 부정적인 상태에 들어가게 됩니다.

칭찬을 하면 벌어지는 일

사람은 칭찬받는 것을 여러분이 생각하는 것 이상으로 좋아합니다. 누군가가 나를 칭찬한다면 어떨까요? 기분이 아주 좋아집니다. "당신은 정말 좋은 사람이에요"라는 말 한 마디로 사람의 마음이 움직입니다. 아이, 어른 할 것 없이 똑같습니다.

영화 〈토르〉, 〈틴에이지 뱀파이어〉, 〈킹 아더〉 등에 출연한 레이 스티븐슨이라는 잘생긴 배우가 있습니다. 한 인터뷰에서 그에게 부인과 결혼하게 된 결정적인 계기가 무엇인지 물었습니다. 그때 레이 스티븐슨은 이렇게 대답했습니다. "그녀가 나에게 좋아한다고 했습니다."

I LIKE YOU

세계 기네스북에 자동차 판매왕으로 12차례나 이름을 올린 조 지라드Joe Girard라는 전설적인 세일즈맨이 있습니다. 그는 15년 동안 13,000대의 자동차를 팔았는데, 판매 비결을 묻는 질문에 조 지라드는 신뢰할 수 있는 제품, 판매원의 호감도, 작은 칭찬이 있으면 된다고 답했습니다. 이 중에서도 가장 중요한 것은 '작은 칭찬'입니다.

조 지라드는 한 달에 13,000통의 편지를 고객들에게 보냈다고 합니다. 어찌 보면 흔한 광고 편지일 수도 있는데, 편지를 펼치면 'I LIKE YOU'라는 문구가 가장 먼저 보이게끔 편지를 썼죠. 이 짧은 문장이 고객들의 마음을 움직이는 겁니다. 적당한 환경이 만들어진 상태에서 '나는 당신이 하는 일은 왠지 모르게 좋아요'라고 하면 호감도가 상승할 수 있습니다.

사람은 칭찬에 이렇게 약합니다. 그런데 칭찬도 아무렇게나

하는 것은 아닙니다. 칭찬하는 방법에 대한 3가지 가이드가 있는데, 첫 번째가 **그 사람만의 특징을 이야기해주는 것입니다.** 두 번째, **칭찬의 내용이 구체적이어야 합니다.** 마지막으로 **칭찬하는 상황에 적합한 내용이어야 합니다.** 맥락에 딱 맞는 칭찬 포인트를 찾는 것이 핵심입니다. 감각 있는 사람이면 누구나 할 수 있는 일입니다. "티셔츠 정말 예쁘네요. 오늘 날씨와 잘 어울려요"와 같이 환경과 그 사람의 특징을 연결해서 칭찬하면 효과가 좋습니다.

사람은 다른 사람으로부터 칭찬을 받는 것을
매우 좋아합니다.

상황에 맞는 칭찬은
'I LIKE YOU'처럼
**간단한 한 마디로도
상대방을 황홀하게 할 수 있습니다.**

5-2. 모든 칭찬이
고래를 춤추게 하지는 않는다

💬 관련 논문

Praise for Intelligence Can Undermine Children's Motivation and Performance

저자 Claudia M. Mueller, Carol S. Dweck

출처 Journal of Personality and Social Psychology (1998), 75(1), 33-52

'칭찬은 고래를 춤추게 한다'는 말이 있습니다. 하지만 모든 칭찬이 고래를 춤추게 하는 것은 아닙니다. 경계 조건Boundary Condition이 있습니다. 춤추는 경우와 춤이 나오지 않는 경우가 있다는 것입니다.

'잘했어'와 '노력했어'

컬럼비아 대학교의 뮬러와 드웩 교수의 연구를 살펴보겠습니다. 아이들을 대상으로 실험을 진행했는데, 다소 어려운 시험 문제를 낸 후에 점수를 알려주지 않고 말로써 평가를 했습니다. 한 집단에게는 "이렇게 어려운 문제를 풀다니, 넌 정말 머리가 좋구나"라고 이야기합니다. 다른 한 집단에는 "이렇게 어려운 문제를 풀다니, 넌 정말 노력을 많이 하는구나"라고 이야기했습니다. 첫 번째는 능력을 칭찬하는 경우이고, 두 번째는 노력을 칭찬하는 경우입니다. 이후에 어떤 일이 벌어졌을까요?

이 책에서 제가 계속 강조하는 명제가 있습니다. 앞에서 경험한 것이 뒤에도 따라온다는 겁니다. "너는 머리가 좋아"라는 경험을 아이에게 주면 그 아이는 머리가 좋은 사람으로 남고 싶어합니다. "너는 정말 열심히 노력하는구나"라는 이야기를 들은 아이는 '나는 열심히 노력하는 사람이야'라고 생각하고 계속해서 그런 아이로 남고 싶어 하게 됩니다.

이후 같은 아이들에게 문제를 선택하게 했습니다. 계산 문제, 도형 문제 등 여러 분야의 문제를 주는데, 어려운 문제와 쉬운 문제를 쌍으로 묶어 제시한 후 풀고 싶은 것을 골라서 풀게 했죠.

←→

설득 없이 설득되는 비즈니스 독심술

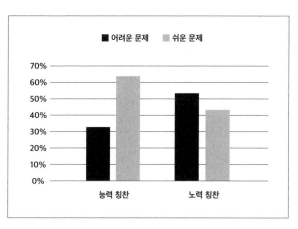

어떤 문제를 선택할까?

능력을 칭찬받은 아이들은 스스로 '머리가 좋다'는 생각을 하고 있고, 그 평가를 유지하고 싶어 합니다. 그런데 어려운 문제를 골랐다가 못 풀면 곤란해지겠죠? 그래서 능력 칭찬을 받은 아이들은 쉬운 문제를 선택하는 비율이 높습니다.

반면에 노력 칭찬을 받은 아이들은 쉬운 문제를 풀어서 정답을 맞히는 것보다 노력하는 것이 더 중요하다고 느낍니다. 그래서 어려운 문제를 선택하는 비율이 더 높습니다.

←→

TOPIC 1. 선호도

실패의 원인 분석

실험 1

	능력 칭찬		노력 칭찬	유의도
능력이 모자라서	16.49	>	9.78	.p<.01
노력을 안 해서	4.94	<	11.96	.p<.01

실험 3

	능력 칭찬		노력 칭찬	유의도
능력이 모자라서	19.79	>	7.7	.p<.01
노력을 안 해서	4.07	<	14.83	.p<.01

실험 5

	능력 칭찬		노력 칭찬	유의도
능력이 모자라서	20.94	>	7.75	.p<.01
노력을 안 해서	7.13	<	20.06	.p<.01

실험 6

	능력 칭찬		노력 칭찬	유의도
능력이 모자라서	16.94	>	7.13	.p<.01
노력을 안 해서	7.25	<	20.81	.p<.01

다음 실험에 들어갑니다. 두 집단의 아이들에게 아주 어려운 문제를 풀게 한 후, 채점 결과 점수가 50점도 안 된다고 알려줬습니다. 그러고는 이렇게 낮은 점수를 받은 이유가 무엇인지를 물었습니다.

실험 1의 결과를 보면 능력 칭찬을 받은 아이들은 자신의 능력이 모자란 것이 시험을 망친 이유라고 생각합니다. 반면에 노력 칭찬을 받은 아이들은 이번에는 노력이 모자랐다고 생각하죠.

이 차이는 매우 큽니다. 능력이 모자란다는 건 바꿔 말하면 머리가 나쁘다는 것인데, 그러면 아이들은 좌절 상태에 들어갑니다. 포기하게 되는 거죠. 반면에 시험 성적이 저조한 이유를 노력이 부족해서라고 생각한 아이들은 다음 시험에는 노력을 더 많이 할 가능성이 있습니다. 나머지 실험에서도 결과는 다 마찬가지였습니다. 능력 칭찬을 받은 아이들은 자신의 능력이 부족한 것을 탓하고, 노력 칭찬을 받은 아이들은 노력이 부족한 것을 탓했습니다.

도전 의지도 차이를 보인다

그다음 실험, 이렇게 좌절한 상태의 아이들에게 어려운 문제를 푸는 과정이 즐거웠는지, 다시 도전할 의사가 있는지를 물었습니다. 노력 칭찬을 받은 아이들은 능력 칭찬을 받은 아이들에 비해 통계적으로 더 높은 재도전 의사를 보였습니다.

실험 1

	능력 칭찬		노력 칭찬	유의도
계속 도전할 것	3.25	<	4.53	.p<.01
즐거웠음	4.11	<	4.89	.p<.01

실험 3

	능력 칭찬		노력 칭찬	유의도
계속 도전할 것	3.24	<	5.2	.p<.01
즐거웠음	3.86	<	4.99	.p<.01

실험 5

	능력 칭찬		노력 칭찬	유의도
계속 도전할 것	3.44	<	4.62	.p<.01
즐거웠음	3.92	<	5.19	.p<.01

실험 6

	능력 칭찬		노력 칭찬	유의도
계속 도전할 것	3.75	<	4.63	.p<.01
즐거웠음	3.84	<	4.86	.p<.01

바꿔 말하면 능력 칭찬을 받은 아이들은 한 번 좌절하면 포기하려는 성향이 강해지고, 노력 칭찬을 받은 아이들은 다시 도전하려는 성향이 증가합니다. 문제 푸는 과정이 즐거웠는지 물었을 때도 결과는 마찬가지입니다. 노력 칭찬을 받은 아이들이 능력 칭찬을 받은 아이들보다 더 즐거워했습니다.

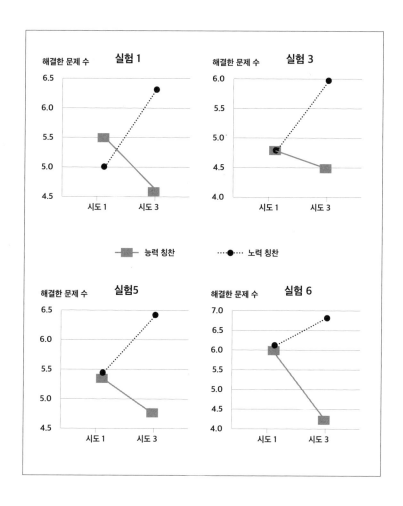

아이들이 해결한 문제의 개수도 큰 차이를 보입니다. 회색 실

선이 능력 칭찬, 점선이 노력 칭찬을 받은 아이들입니다. 4개의 그래프에서 공통으로 나타나는 결과는, 능력 칭찬을 받은 아이들은 시간이 지날수록 풀어낸 문제 수가 적었습니다. 반면 노력 칭찬을 받은 아이들은 시간이 지날수록 더 많은 문제를 풀었죠.

칭찬은 고래도 춤추게 한다지만, 모든 칭찬이 그렇지는 않습니다. 능력 칭찬과 노력 칭찬, 우리는 어느 것을 더 활용해야 할까요?

설득 없이 설득되는 비즈니스 독심술

노력을 칭찬하면
고래가 춤을 춥니다.

능력을 칭찬하면
도전 의지를 떨어뜨리고,
과정을 즐기지 못하게 하며,
실패 시 더 큰 좌절감을 맛보게 합니다.
결국, 성과도 낮아집니다.

6

유사성이 높을수록 선호도가 높아진다

6-1. 경쟁자가 우리 편이 되는 이유

독심술이란 결국 나에 대한 선호도를 높여서 자연스럽게 나의 행동을 따라 하게 만드는 것입니다. 그 선호도를 높이는 가장 중요한 요소가 바로 '유사성'입니다. 잘생기고 나를 보며 웃어주고 칭찬을 들으면 선호도가 높아지지만, 그 밑바탕에는 바로 유사성이 있어야 합니다. 나와 상대방이 공유하는 무언가가 있어야 한다는 것입니다.

수많은 심리학적 판단의 근본 메커니즘이 바로 유사성입니다. 나와 유사한가, 아닌가의 판단에 따라 결과가 확 바뀝니다.

🗩 관련 논문

Identity and Emergency Intervention: How Social Group Membership and Inclusiveness of Group Boundaries Shape Helping Behavior

저자 Mark Levine, Amy Prosser, David Evans, Stephen Reicher

출처 Personality and Social Psychology Bulletin (2005), 31(4), 443-453

맨유팬이세요?

영국 축구팀 맨체스터 유나이티드의 열성 팬들을 대상으로 실험을 했습니다. 별다른 설명 없이 그저 종이에 '맨체스터 유나이티드가 좋은 이유'를 적으라고만 했습니다. 그러고는 그 열성 팬들이 다른 장소로 이동하는데, 이동 중에 다른 사람이 넘어지는 장면을 보게 됩니다. 사실 넘어지는 사람은 실험 보조자로, 세 가지 상황으로 나누어 실험을 했습니다. 먼저 넘어지는 사람이 평범한 티셔츠를 입고 있는 경우, 두 번째는 맨체스터 유나이티드 티셔츠를 입고 있는 경우, 세 번째는 경쟁팀인 리버풀 티셔츠를 입고 있는 경우입니다. 피실험자들은 어떤 티셔츠를 입고 있는 사람을 더 많이 도와주었을까요?

	맨유 티셔츠	보통 티셔츠	리버풀 티셔츠
안 도와줌	1	8	7
도와줌	12	4	3

맨유팬은 누구를 도와줄까?

맨체스터 유나이티드의 열성 팬들인 피실험자들은 조금 전에 그 팀이 좋은 이유를 적었죠. 즉 순간적으로 맨체스터 유나이티드에 대한 선호도가 높아진 상태입니다. 이런 와중에 넘어진 사람을 봤는데, 그 사람이 맨체스터 유나이티드 티셔츠를 입고 있으면 13명 중에 12명이 넘어진 사람을 도와줍니다. 평범한 티셔츠를 입은 경우에는 12명 중에 4명, 33%가 돕습니다. 그리고 넘어진 사람이 리버풀 티셔츠를 입고 있다면 10명 중에 3명, 단지 30%만 도와줍니다.

우리의 경우, 한국 대표팀 유니폼을 입은 사람과 일본 대표팀 유니폼을 입은 사람으로 생각하면 이해가 더 쉬울 겁니다. 대한민국에 대한 선호도가 높은 상태에서 일본 대표팀 옷을 입고 넘어지는 사람을 보면 안 도와줄 확률이 높겠지요. 순간적으로 저 사람과 나의 유사성이 높은지 낮은지를 판단하고 행동하는 겁니다.

축구 좋아하세요?

그런데 똑같은 사람들에게, 맨체스터 유나이티드를 선호하는 이유가 아니라 '축구를 좋아하는 이유'를 적어보게 했습니다.

팀이 아니라 축구라는 종목에 대한 선호도를 높이는 질문을 한 것입니다. 그러고 나서 똑같은 실험을 진행했습니다.

	맨유 티셔츠	보통 티셔츠	리버풀 티셔츠
안 도와줌	2	7	3
도와줌	8	2	7

축구팬은 누구를 도와줄까?

앞선 실험에서는 리버풀 티셔츠를 입은 사람을 도와주는 비율이 30%였는데, 이번 실험에서는 70%로 높아졌습니다. 앞 실험에서는 맨체스터 유나이티드만 활성화했으니 맨체스터 유나이티드와의 유사성만 높아졌었죠. 반면, 이번 실험에서는 축구 자체에 대한 선호도가 높아지면서 리버풀팬 역시 축구팬이라는 울타리 안으로 들어오게 된 겁니다. 그러니까 사람은 어느 것을 활성화시키느냐에 따라서 유사성 판단이 순식간에 바뀝니다. 사람의 생각은 이렇게 유연합니다.

⟷

설득 없이 설득되는 비즈니스 독심술

사람의 사고 과정은 매우 유연합니다.
경쟁자라 할지라도
상위의 유사성이나 특별한 유사성으로 묶으면
동질성이 증가하여 내집단 편향이 증가합니다.

그래서 새로운 팀이 만들어지면
가장 먼저 할 일,
특별한 유사성을 탐색하게 하는 것입니다.

좋아하는 것, 취미, 특성 등을 나열하고
공통점을 찾아보게 하세요!

6-2. In Group Bias의 양면성

유사성이 높으면 동질감이 증가하고, 그로 인해 내집단 편향이 증가합니다. 사람은 기본적으로 위험을 회피하려고 하고, 나에게 유리한 점을 선택하려고 합니다. 그래서 어떤 상황이 벌어지면 '이 사람이 나와 가까운가, 먼가'를 가장 먼저 판단합니다. 가깝다면 서로 호혜적이고 자비로워지고 이득을 주려고 합니다. 그래서 가까운 사람들끼리는 내집단 편향이 발생합니다. 반대로 먼 사람에게는 외집단 편향이 벌어집니다.

내집단 편향이 증가하면 여러 가지 장점이 생기지만, 그에 못지않게 단점도 있습니다. 지금부터 내집단 편향의 양면성에 대해 이야기해보겠습니다.

높은 결속력

내집단 편향이 증가하면 생기는 긍정적인 효과는 **높은 결속력**입니다. 그룹 안의 사람들끼리 결속력이 높아지는 거죠. 중간계 캠퍼스의 공식 건배사는 '우린 친하니까'입니다. 내집단 편향을 만들기 위해 제가 생각해낸 건배사입니다. 이 건배사를 하고 나면 왠지 더 친해진 것 같고, 실제로 마음이 친해지는 쪽으로 향하게 됩니다. 이게 바로 TOPIC 2에서 다룰 '행동 점화' 입니다. 마음에 불을 붙이는 겁니다. 언어의 위력은 실로 엄청 납니다. "친구야!"라고 부르면 친구가 되는 겁니다.

여러분, 판단은 얼마나 자주 일어날까요? 사람은 이전에 보지 못한 대상이 나오면 순식간에 판단을 합니다. 판단이 이루어 지려면 5가지 정보가 뇌로 올라가는데, 마지막은 전전두엽에서 벌어집니다. 그러려면 시상하부라고 하는 곳에서 문을 열어 줘야 시각, 청각, 후각, 촉각 같은 정보가 전전두엽으로 올라가 최종 판단이 이루어지게 됩니다.

그런데 시상하부에서는 어떤 경우에 문을 열어줄까요? 경험 하지 못했던 정보를 접했을 때 문이 열립니다. 이제까지 맡아보 지 못했던 새로운 향기를 접하게 되면 판단의 욕망이 생겨서 시 상하부가 문을 열어주는 겁니다. 그럼 그 정보가 뉴런을 타고 전전두엽으로 가서 새로운 향기에 대해 판단을 하죠.

이렇게 전전두엽에서 판단이 이루어진 후에, 새롭게 판단한 정보는 사람이 잠을 자는 동안 장기 저장장치로 들어갑니다. 우리가 잠을 잘 때면 90분에 한 번씩 '렘수면' 상태에 들어갑니다. '렘REM'은 'Rapid Eye Movement'의 약자인데, 렘수면은 잠자고 있는 듯 보이지만 뇌파는 깨어 있는 상태로, 이때 눈이 빠르게 움직이며 꿈을 꾸는 경우가 많습니다. 이 렘수면의 순간에 새롭게 판단한 정보가 장기 저장장치로 들어가는 겁니다. 그러니까 판단을 한다는 것은 사람이 태어날 때부터 갖고 있었던 본능입니다.

그런데 약간의 문제가 생겼습니다. 예전에는 사람이 받아들이는 새로운 정보가 1년에 몇 개 되지 않았습니다. 16세기 중세 유럽에 살던 사람들이 평생 처리하는 정보의 양은 2000년 기준으로 하루에 처리하는 양과 맞먹습니다. 2020년인 현재는 하루에 처리하는 정보의 양이 2000년보다 더 많아졌겠죠.

이처럼 사람의 머릿속에서는 수많은 판단이 이루어집니다. 컴퓨터로 치면 새 창이 계속 뜨는 건데, 새 창이 계속 뜨기만 하고 닫지를 않으면 어떻게 될까요? 처리 속도가 느려지다가 오류도 생길 수도 있습니다. 그래서 현대인들은 의도적으로 판단하지 않는 연습을 해야 합니다. 판단하지 않으면 비교, 평가, 분별이 없습니다. 세상은 항상 일정하게 움직이는데, 판단이 많아지면서 내 마음만 급해지고 변덕스러워지는 겁니다.

그런데 내집단 편향이 불러오는 장점인 높은 결속력 역시 판단입니다. '친구니까, 우리끼리', 정말 좋은 말입니다. 그런데 이런 판단이 계속되면 사적 충성을 유도하게 됩니다. 상위 개념에 대해 충성도가 생기는 게 아니라 서브 그룹 내에서 충성도가 생기는 거죠. 육군사관학교 모임인 '하나회', 들어보셨지요? 시작은 국가 발전을 위한 좋은 의도였을지 몰라도, 나중에는 결국 국가가 아닌 전두환이라는 개인에게 충성하게 된 겁니다.

타인 배척

집단 내에서 결속력이 높아지다가 이것이 일정 수준을 넘어서면 결국 집단 내의 하부 집단에 대한 충성으로 이어집니다. 그러면서 타인을 배척하는 문제가 생깁니다. **내집단 편향의 양면성이 바로 높은 결속력과 배척입니다.** 타인을 배척하는 단계가 되면 '뒷담화'를 시작하고, 이것이 더 심해지면 따돌림이 발생하며, 더욱더 심해지면 집단 공격이 일어납니다.

아침에 맺힌 이슬이 약초에 내리면 약이 되고, 독사가 먹으면 독이 됩니다. 내집단 편향 자체는 사람이 가진 기본적인 성향이고 절차입니다. 문제는 이걸 어디에 쓰느냐인 것입니다. 좋은 데 쓰면 집단의 결속력을 높이는 것이고, 나쁜 데 쓰면 타인을 배척하게 됩니다. 그리고 내집단 편향이 나쁜 방향으로 가는 시작점이 바로 '뒷담화'입니다. 이것을 심리학에서는 '가십 효과Gossip Effect'라고 합니다.

가십 효과

🗩🗩 관련 논문

The Visual Impact of Gossip

저자 Eric C. Anderson, Erika Siegel, Eliza Bliss-Moreau, Lisa Feldman Barrett

출처 Science (2011), 332(6036) 1446-1448

Have You Heard?: How Gossip Flows Through Work-place Email

저자 Tanushree Mitra, Eric Gilbert

출처 The 6th International AAAI Conference on Weblogs and Social Media (2012)

뒷담화는 어떤 경우에 가장 효과가 클까요? 예를 들어, A라는 사람에 대해 이야기를 한다고 가정하겠습니다. A에 대해 좋은 이야기를 할 수도 있고, 험담을 할 수도 있습니다. 또는 두 가지를 섞어서 이야기할 수도 있습니다. 그리고 A가 연예인이나 정치인처럼 관계가 먼 사람일 수도 있고, 동료처럼 가까운 사람일 수도 있습니다. 그래서 관계가 먼 사람을 칭찬할 때와 험담할 때, 칭찬과 험담을 섞어서 할 때, 그리고 관계가 가까운 사람을 칭찬할 때와 험담할 때, 칭찬과 험담을 섞어서 할 때, 이렇게 총 6가지 상황을 만들어서 무슨 일이 벌어지는지를 측정했습니다.

가장 중요한 결과는 가까운 사람에 대해 험담을 할 때, 사람들의 정보처리 양이 급증한다는 것입니다. 이게 'Visual Impact of Gossip'입니다. 서로 알고 지내지만 이 자리에 없는 사람에

123

⟵⟶

TOPIC 1. 선호도

대해 안 좋은 이야기를 할 때 정보처리가 증가하는 겁니다.

뒷담화를 하면

뒷담화를 하면 주목도와 재미 수준이 높아집니다. 그리고 스트레스 해소에 효과가 있습니다. 이 두 가지 때문에 뒷담화를 하게 되는 겁니다. 그리고 뒷담화를 공유한 사람 사이에 내집단 편향이 증가합니다. 이것을 다른 말로 '공범 효과'라고 합니다. 한 사람을 두고 같이 험담을 하면 그들 사이의 친밀도가 증가합니다. 이게 뒷담화의 긍정적 요소입니다.

그런데 부정적인 요소가 바로 따라옵니다. 첫째, **뒷담화를 나눈 사람들끼리 서로 불신하는 일이 생깁니다.** 서너 사람이 모여 누군가를 실컷 험담하다가, 내가 자리를 비우거나 먼저 가야 하는 상황이 생기면 불안해지는 겁니다. 내가 없으면 조금 전에 타인을 험담하던 것처럼 내 험담을 할까 두려운 거죠. 그래서 서로를 믿지 못하는 상황이 벌어집니다.

두 번째 부정적인 요소는 **뒷담화가 스스로에게 부정**

적인 경험을 제공한다는 것입니다. 누군가에 대해 부정적인 이야기를 하면, 그 부정적인 정서가 나에게 돌아옵니다. 그리고 더 놀라운 건 뒷담화가 습관이 된다는 겁니다. 한두 번 다른 사람의 흉을 보게 되면 만날 때마다 그런 이야기를 나누게 됩니다. 하지만 정작 본인은 뒷담화가 자신의 습관이 되었다는 사실을 인지하지 못합니다.

정말 중요한 이야기입니다. 누군가가 없는 곳에서 그 사람에 대해 이야기하는 습관은 절대 만들지 말아야 합니다. 물론 가끔 뒷담화가 사소한 즐거움을 줄 때도 있죠. 소소한 재미를 주고 친해지게 만드니까요. 하지만 부정적인 효과가 같이 나타난다는 것을 꼭 기억하시기 바랍니다.

앞에서 하지 못하는 이야기는 뒤에서도 하지 말아야 하는 법입니다.

TOPIC 2
행동 점화

1

한 번 행동하면
몸과 마음이
따라간다

1-1. 포로들의 고백

설득하지 않고 설득하는 독심술의 두 번째 주제는 '행동 점화' 입니다. TOPIC 1에는 정서를 유도하는 이론, 즉 나를 좋아하게 만드는 방법에 대해 이야기했습니다. 이번 TOPIC 2에서는 정서와 관계없이 처음 한 행동이 다음 행동에 영향을 주는 효과에 대해 이야기하겠습니다. 이것을 '행동 점화Behavioral Priming'라고 합니다.

6·25전쟁 때 실제로 있었던 이야기를 하나 해보겠습니다. 전쟁 시기에 미군이 중공군의 포로가 되면 한 달 안에 모두 자백했다고 합니다. 반대로 미군의 포로가 된 중공군은 시간이 지나도 입을 열지 않았다고 합니다. 어떻게 이런 일이 벌어졌을까요?

중공군 포로수용소에 미군들이 잡혀 있습니다. 포로 막사 상태는 군이 말하지 않아도 알 법하죠. 적군을 붙잡아두는 곳인데 좋을 리가 없을 겁니다. 그런데 어느 날 포로 막사로 중공군 간부 한 명이 찾아와서 이야기합니다. "여기 담배 한 개비가 있다. 오늘은 이 담배 한 개비를 걸고 백일장을 열겠다. 주제는 '자본주의는 어떤 측면에서 불합리한가'이다."

　말 몇 마디 하면 담배 한 개비를 준다니! 포로들에게 이보다 더 솔깃한 제안이 있을까요? 처음에는 아무도 안 나서겠지만, 그래도 결국 용감한(?) 포로 한 명이 앞으로 나갈 겁니다. 그러고는 자본주의의 문제점을 이야기하겠죠. 그러면 바로 담배 한 개비를 받아 동료 포로들이 보는 앞에서 피우는 겁니다. 이때, 포로로 잡혀 있는 미군들의 머릿속에는 이런 생각이 떠오르겠죠. '아, 자본주의는 문제가 있구나!'

　일주일 뒤, 중공군 간부가 또다시 담배를 하나 들고 옵니다. 두 번째 백일장인데, 이번 주제는 '공산주의의 합리적인 면'입니다. 포로들은 지난번 백일장 이후 후회를 했겠죠. '그냥 앞에 나가서 이야기하고 담배 피울걸…' 하고 말입니다. 그래서 이번에는 다섯 명 정도가 나와서 공산주의의 좋은 점을 이야기하고 담배를 피웁니다. 그러면 포로 가운데 장교들도 생각이 바뀐다고 합니다. 이런 식으로 다섯 번만 하면 거의 100%가 자백을 한다는 겁니다.

　그런데 더 기막힌 일이 생겼습니다. 1953년에 휴전이 되고 포로 교환을 했는데, 미군 포로 28명이 북한에 남은 겁니다. 이 사람들은 6·25전쟁에 참전하기 전에는 한국이라는 나라는 물론 중국도 몰랐고, 공산주의도 몰랐습니다. 그런데 전쟁이 끝나고 북한에 귀순한 겁니다. 북한에 남은 28명의 미군 사진이 〈타임〉지에 실렸습니다. 28명의 사진 밑에는 부모님의 얼굴도 실렸고, 이런 헤드라인이 들어갔습니다. '우리 아이가 이곳으로 돌아오겠다는 말 외에는 그 어떤 말도 믿을 수가 없어요.'

　이 일로 서양 심리학계는 발칵 뒤집혔고, 결국 영국과 프랑스의 심리학자 30여 명이 북한으로 들어갔습니다. 28명의 미군이 왜 북한에 남았는지 원인을 찾아보니, 앞서 이야기한 중공군에게 잡힌 미군 포로와 같은 일이 벌어졌던 겁니다.

　포로를 독방에 가두고 자본주의의 문제점에 대해 글을 쓰게 했습니다. 포로들은 살기 위해 시키는 대로 해야 하니, 자본주의는 이런저런 문제들이 있다고 썼겠죠. 포로가 쓴 문제점의 개수에 따라 담배, 칫솔, 치약, 비누, 건빵 등을 줬습니다. 그다음에는 공산주의의 좋은 점을 쓰라고 했고, 마찬가지로 개수에 따라 물건을 줬습니다. 환경이 통제되면 인간에게는 죽느냐 사느냐, 먹느냐 굶느냐의 문제만 남습니다. 그마저도 결정적인 순간이 되면 죽느냐 사느냐만 머리에 남습니다.

나중에 심리학에서 이와 관련된 일련의 행동들을 '포로 관대 정책 Lenient Policy'이라고 했습니다. 여기에 이어서 나온 연구가 바로 행동 점화입니다. 위 사례에서 핵심은 포로들이 자본주의에 이런저런 문제가 있다고 쓴 것입니다. 그 순간 자본주의가 안 좋다는 쪽으로 사고하게 되고, 공산주의의 장점이 머릿속에 자리 잡게 되는 겁니다.

해병대에 막연한 두려움이 있었고 썩 좋아하지 않던 청년이 해병대에 입대해 군생활을 하고 전역하면 '영원한 해병'이 됩니다. 엄청난 자부심으로 똘똘 뭉쳐 있죠. 해병대에서 생활하는 동안 '해병대가 최고'라는 구호를 수도 없이 외치고 목이 터져라 군가를 불렀을 겁니다. 행동하고 나면 좋아지는 겁니다.

설득 없이 설득되는 비즈니스 독심술

이것이 바로 '행동 점화'입니다. **시간상 먼저 이루어진 행동이 이후 벌어질 행동에 같은 관점으로 영향을 주는 효과입니다.** 앞에서의 경험이 차후의 경험을 결정한다는 것이죠. 이와 관련해서 정말 재미있는 연구들이 많이 있습니다.

TOPIC 2. 행동 점화

1-2. Say Yes!

📑 관련 논문

Crime, commitment, and the responsive bystander:
Two field experiments

저자 Thoma Moriarty

출처 Journal of Personality and Social Psychology (1975), 31(2), 370-376

해변에 놀러온 두 그룹을 피험자로 삼았습니다. 실험 보조자가 한쪽에게 다가가 라디오를 내려놓으며 "이 라디오 좀 지켜주시겠어요? 바다에 들어갔다 오려고요"라고 이야기합니다. 그리고 피험자가 "네Yes"라고 대답하는 조건을 만들었습니다. 다른 그룹에게 다가가서는 라디오를 내려놓고 아무런 말도 없이 (누가 봐도 라디오를 지켜달라는) 눈짓만 보낸 후, 바다에 들어갑니다.

그런데 도둑이 와서 라디오를 들고 도망쳐버렸습니다. 이때, 두 그룹은 어떤 행동의 차이를 보일까요? 한 그룹은 라디오를 지켜달라는 부탁에 "네"라고 대답했고, 다른 그룹은 그저 눈짓만 보았습니다.

성별	초기 개입	개입 없음
남성	10 (100%)	2 (20%)
여성	9 (90%)	2 (20%)

도둑을 쫓아간 비율

위 표를 보면 "네"라고 대답한 사람들 가운데 남자는 100%, 여자는 90%가 도둑을 쫓아갔습니다. 반대로 눈짓으로만 요청한 그룹은 20%만 도둑을 쫓아갔습니다. 눈짓의 의미는 이해했지만, 개입하지 않았기에 확률이 20%로 떨어진 겁니다. **그러니까 반드시 "네"라고 대답하게 만들어야 합니다.**

복명복창

다른 사람을 말로 설득할 때는 반드시 대답을 하게끔 해야 합니다. 긍정적인 대답을 하는 것만으로도 상황에 개입하게 됩니다. 군대 규칙 중에 복명복창이 있습니다. 상관이 내리는 명령이나 지시를 부하는 반드시 되풀이해 외쳐야 합니다. 상대방이 이야기하도록 만드는 것만큼 효과적인 게 없습니다. "이 라디오 좀 지켜주시겠어요?"라는 요청에 "네"라고 짧게 대답하는 것만으로도 대답한 사람은 이 환경에 개입되는 겁니다.

내가 말을 하는 게 아니라 상대가 말을 하도록 만드는 게 중요합니다. 하지만 대부분의 리더들은 자신이 말을 하려고 하고, 말로 설득하려고 합니다. 그러나 말로 설득되는 경우는 20%입니다. 80%는 행동으로 설득해야 합니다.

여러분의 고객이나 직원을 말로 설득하려고 하지 말고, 긍정적인 행동을 하도록 만들어보세요. 일본의 한 중소기업의 예를 살펴봅시다. 이 기업은 전 세계 특수강 볼트의 60%를 점유하는 회사입니다. 특수강 볼트는 아주 정교하게 만들어야 하기 때문에 실수가 나와서는 안 된다고 합니다. 그래서 이 회사에서는 아침마다 그날 할 일이 적힌 종이를 직원들의 옷 왼쪽 주머니에 넣어줍니다. 그러면 직원들은 이걸 꺼내서 팀별로 모여 할 일을 복명복창한다고 합니다.

팀이 해야 할 일을 사전에 준비하는 건 쉬운 일이 아닙니다. 그런데 대부분의 리더는 자신이 준비해놓은 것은 하나도 없으면서, 아랫사람들이 못하면 잔소리를 합니다. 아주 잘못된 행동입니다.

←——→

TOPIC 2. 행동 점화

사람은 한번 긍정적인 행동을 하게 되면
이후에도 긍정적인 행동을 할 확률이 증가합니다.

여러분의 고객이
여러분과 여러분의 브랜드에
긍정적 행동을 하게 만드세요!

"Say Yes!"를 외치세요.

지식의 많고 적음,
지위의 높고 낮음은
하나도 필요 없습니다.

오직 행동 점화입니다.
앞에서 한 행동이 뒤에 할 행동에 영향을 줍니다.

여러분은 지금
여러분 자신, 자녀, 직원들에게
어떤 행동을 경험시키고 있습니까?

지금 경험하는 행동이 미래에도 계속됩니다.

1-3. 20년 전으로 돌아가기

📑 관련 논문

Mind-set matters: Exercise and the placebo effect

저자 Alia J. Crum, Ellen J. Langer

출처 Psychological Science (2007), 18(2), 165-171

하버드 대학교 엘런 랭거 교수의 2007년도 연구를 하나 보겠습니다. 피험자를 두 팀으로 나누어서 한 팀에게는 20년 전처럼 행동하라고 지시하고, 한 팀에게는 20년 전으로 구경하러 가자고 이야기합니다. 20년 전이라는 시간은 똑같지만, 한 팀은 20년 전처럼 행동하는 것이고, 한 팀은 20년 전의 모습을 보기만 하는 겁니다. 두 팀 구성원은 각각 7명으로, 혼자서는 쉽게 못 움직일 정도로 거동이 불편한 75세에서 85세 사이의 노인을 대상으로 했습니다.

두 팀은 버스를 타고 보스턴 근교의 전원주택지로 향합니다. 버스 안에는 20년 전 노래가 흘러나오고, 20년 전에 발간된 주

간지 〈라이프〉를 두었습니다. 20년 전의 환경을 만든 것이죠. 이렇게 팀을 나누어서 4박 5일간 같이 생활하면서 신체 변화, 건강 상태 변화 등을 체크했습니다.

하루 만에 벌어진 놀라운 변화

실험 하루 만에 두 집단의 신체적 변화에 차이가 생기기 시작했습니다. 한쪽 집단은 하루 만에 근력, 혈압, 당뇨 등 여러 가지가 동시에 좋아졌습니다. 바로 20년 전처럼 행동하라고 한 집단입니다. 하루가 지나니 혼자서는 걷는 것도 힘들었던 노인들이 혼자 화분을 옮기고, 여행가방을 들고 2층까지 올라가기도 했습니다.

반면 20년 전을 구경하는 팀은 여전히 누가 도와주지 않으면 움직이지 못합니다. 몸 상태에 변화가 없었던 겁니다. 4박 5일의 실험이 끝나고 보니, 처음에 비슷했던 모든 구성원들의 몸 상태는 속한 팀에 따라 매우 달라졌습니다.

30년 전으로 떠나는 7일간의 시간 여행

이게 정말 가능할까요? EBS에서 비슷한 실험을 진행했습니다. 〈다큐프라임〉이라는 프로그램에서 '7일간의 시간 여행'이라는 제목으로 30년 전으로 여행을 떠나는 방송을 기획했습니다. 랭거 교수의 실험과 비슷한데, 차이가 있다면 두 집단으로 나누지 않았고, 30년 전처럼 행동하는 상황을 만든 겁니다. 이 프로그램에 참여한 사람들은 예전에 유명했던 연예인들인데, 모두 몸 상태가 좋지 않았습니다. 이들을 데리고 7일 동안 실험을 진행하면서 추적 관찰을 했습니다.

정말 놀라운 일이 연이어 벌어졌습니다. 참가자 중 한 명인 한명숙 씨는 〈노란 샤쓰 입은 사나이〉라는 노래를 부른 유명 가수인데, 실험 당시 중풍에 걸려 있었습니다. 손을 벌벌 떨면서 잘 걷지도 못하던 한명숙 씨가 실험 진행 중에 혼자 화분을 들고 2층으로 올라갑니다. 성우 오승룡 씨는 반신마비 상태로 계속 침을 흘렸는데, 이런 모습이 싹 사라졌습니다. 거짓말 같지만 실제로 일어난 일입니다. 관련 영상을 직접 보시면 정말 깜짝 놀라실 겁니다.

이 연구의 주제는 바로 '행동 점화'입니다. **젊은 것처럼 행동하면 젊어집니다. 반대로 늙은 것처럼 행동하면 늙습니다.** 즉 경험한 대로 이루어진다는 말을 증명하는 연구입니다.

⟵⟶

1-4. 행동 점화의 다양한 연구들

춤을 추는 노인들

🗨️ **관련 논문**

Leisure activities and the risk of dementia in the elderly

저자 Joe Verghese, Richard B. Lipton, Mindy J. Katz, Charles B. Hall, Carol A. Derby, Gail Kuslansky, Anne F. Ambrose, Martin Sliwinski, Herman Buschke

출처 The New England Journal of Medicine (2003), 348(25), 2508-2516

연령과 건강 상태가 비슷한 노인들을 모아서 두 집단으로 나눕니다. 한 집단에게는 가벼운 춤을 추게 하고, 다른 한 집단에게는 춤추는 것을 구경하도록 했습니다. 춤을 춘 집단은 치매 발병률이 76% 낮아졌습니다. 가볍게 춤을 춘다는 것은 몸을 움직인다는 말입니다. 그러니까 가볍게 몸을 움직이면 치매에 걸릴 확률이 낮아지는 겁니다.

그런데 여기서 중요한 건 '가벼운' 춤이라는 점입니다. 동작이 많고 복잡한 춤이 아니라, 간단한 율동처럼 다 같이 즐길 수 있는 춤을 추게 한 거죠. 이처럼 가벼운 춤이 효과가 좋고, 일체감도 높여줍니다.

전투기 조종 시뮬레이션

📑 관련 논문

Believing Is Seeing: Using Mindlessness (Mindfully) to Improve Visual Acuity

저자 Ellen J. Langer, Maja Djikic, Michael Pirson, Arin Madenci, Rebecca Donahue

출처 Psychological Science (2010), 21(5), 661-666

엘런 랭거 교수의 또 다른 연구입니다. 랭거 교수는 오로지 행동 점화와 관련한 연구를 했습니다. 미국 해군사관학교를 졸업하는 학생들을 대상으로 전투기를 조종할 학생과 못할 학생을 가리는 테스트를 합니다(미국 해군사관학교를 졸업하면 항공모함에서 이륙하는 전투기의 조종사가 될 수 있습니다). 이 마지막 테스트를 통과해야

145

⟵⟶

전투기 조종사가 될 수 있다고 이야기했죠. 해군사관학교 졸업생들에게는 아주 중요한 이슈일 겁니다.

두 팀으로 나누어서 한 팀에게는 40분간 전투기 시뮬레이션을 하도록 과제를 줬습니다. 실제로 헬멧을 쓰고 공중전을 해서 경쟁자를 잡는 겁니다. 내가 경쟁자를 잡으면 조종사가 되는 것이고, 못 잡으면 될 수 없습니다. 그래서 40분 동안 치열한 전투 시뮬레이션이 벌어졌습니다.

다른 한 팀에게는 시뮬레이터가 고장났다고 이야기하고는 전투 시뮬레이션을 구경하고 오라고 했습니다. 한 팀은 눈에 쌍심지를 켜고 전투 시뮬레이션을 했고, 한 팀은 구경만 했습니다. 그러고 난 후 두 팀 구성원들의 시력검사를 했습니다.

전투 시뮬레이션을 한 집단의 40%가 시력이 좋아졌습니다. 이유가 뭘까요? 경쟁자를 잡아야 조종사가 될 수 있으니 그만큼 집중해서 시뮬레이션에 임한 겁니다. 눈에 불을 켜고 달려든 거죠. 이처럼 행동하는 것은 몸의 변화를 가져옵니다.

행동과 기대 수명의 관계

💬 관련 논문

The influence of age-related cues on health and longevity

저자 Laura M. Hsu, Jaewoo Chung, Ellen J. Langer

출처 Perspectives on Psychological Science (2010), 5(6), 632-648

40세 이전에 출산한 여성과 40세가 넘어 출산한 여성의 행동과 기대 수명에는 어떤 차이가 있을까요? 40세가 넘어서 아이를 낳으면, 비교적 많은 나이에도 아이의 눈높이에 맞추기 위해 아이의 관점으로 사물을 보고 더 어린 연령대의 행동을 하게 됩니다. 행동 점화가 되는 거죠. 이렇게 젊게 행동하면 기대 수명이 높아집니다. 늦둥이를 낳으면 젊어진다는 이야기가 이 연구로 증명된 셈입니다.

나이 차이가 20년 정도 나는 부부의 경우는 어떨까요? 50세인 사람과 30세인 사람이 결혼하면 50세 배우자는 30세 배우자에게 맞추기 위해 젊어지려고 노력할 것입니다. 반대로 30세인 사람은 50세 배우자에게 맞추기 위해 실제 나이보다 더 많아 보이도록 노력하는 거죠. 그래서 시간이 지나면 젊은 쪽은 기대 수명이 낮아지고, 늙은 쪽은 기대 수명이 높아져 두 사람이 비슷해집니다.

리듬을 타세요

📑 관련 논문

The Role of Overt Head Movement in the Formation of Affect

저자 Gail Tom, Paul Pettersen, Teresa Lau, Trevor Burton, Jim Cook

출처 Basic and Applied Social Psychology (1991), 12(3), 281-289

두 팀에게 같은 음악을 틀어주고 자연스럽게 리듬을 타도록 했는데, 한 팀은 머리를 위아래로 흔들게 했고, 한 팀은 좌우로 흔들게 했습니다. 보통 리듬을 탈 때는 머리를 위아래로 까딱거리게 되죠. 그런데 이렇게 머리를 위아래로 흔드는 행동을 또 언제 할까요? 긍정의 표시, 즉 "네"라는 대답을 할 때도 머리를 위아래로 흔듭니다.

　피험자들이 머리를 흔들며 리듬을 타고 있을 때 책상 위에 파란색 볼펜을 놔두었습니다. 음악이 끝나고 난 후 "실험이 끝났습니다. 좋아하는 볼펜을 하나 가져가세요"라고 이야기했고, 두 팀의 반응을 살폈습니다. 머리를 위아래로 흔들었던 사람들은 파란색 볼펜을 가져갑니다. 머리를 위아래로 흔드는 행동이 긍정의 뜻을 나타내는 방법과 같아서 눈앞에 있던 볼펜이 좋아보인 겁니다. 반면 머리를 좌우로 흔들며 리듬을 탄 팀은 파란색 볼펜을 가져간 비율이 훨씬 낮았습니다.

상자 밖으로 나오세요

📑 관련 논문

Embodied metaphors and creative 'acts'

저자 Angela K.-y. Leung, Suntae Kim, Evan Polman, Lay See Ong, Lin Qui, Jack A. Goncalo, Jeffrey Sanchez-Burks

출처 Psychological Science (2012), 23(5), 502-509

피험자들에게 꽤 어려운 문제를 주고 생각해보라고 했습니다. 조건은 두 가지, 한 팀은 커다란 상자를 놓고 그 안에 들어가서 생각하게 하고, 한 팀은 상자 밖에서 생각하게 합니다. 결과는 상자 밖에서 생각한 사람이 문제를 훨씬 잘 풀었습니다. 왜 그럴까요?

'상자 밖으로 나와라'라는 미국 속담이 있습니다. 상자 안에 있다는 건 닫힌 사고를 의미합니다. 상자 밖으로 나오는 것만으로도 창의성이 높아지면서 다양한 해결 방법을 생각할 수 있게 된 겁니다. 이것을 '은유적 문제 해결 metaphoric problem solving' 이라고 합니다.

설득 없이 설득되는 비즈니스 독심술

1-5. 출렁다리에서 가슴이 뛰는 이유는?

🗨️ 관련 논문

Some Evidence for Heightened Sexual Attraction
Under Conditions of High Anxiety

저자 Donald G. Dutton, Arthur P. Aron

출처 Journal of Personality and ocial Psychology (1974), 30(4), 510-517

캐필라노 서스펜션 브리지

캐나다 밴쿠버 북쪽에 있는 캐필라노 강에는 유명한 다리가 있습니다. 사진에 보이는 '캐필라노 서스펜션 브리지'입니다. 강

151

⟵⟶

표면에서 70미터 높이에 매달려 있으며 길이가 140미터에 달하는 아주 긴 출렁다리입니다. 그리고 강 상류 쪽에는 움직이지 않는 안정적인 다리도 있습니다. 이 두 다리에서 밴쿠버 대학의 도널드 더턴과 애서 애런이 재미있는 실험을 했습니다.

한 여성이 두 다리의 한가운데 서서, 다리를 건너가는 남성들에게 심리학 연구에 필요한 설문지를 작성해줄 수 있느냐고 물었습니다. 남성들이 설문에 응해주면 감사의 인사와 함께 "연구에 대해 더 궁금하면 전화 주세요"라고 말하고는 전화번호를 건네주었습니다. 사실 여성이 부탁한 설문지는 그저 수단일 뿐, 더턴과 애런 연구의 진짜 목적은 '과연 몇 명의 남성에게서 전화가 오는가'를 측정하는 것입니다.

50% 대 12.5%

보기만 해도 손에 땀이 나는 듯한 긴 출렁다리에서 전화번호를 건네받은 남성 가운데 50%가 여성에게 전화를 걸었습니다. 반면, 움직이지 않는 안정적인 다리에서 만난 남성들은 12.5%만이 전화를 했습니다. 왜 이런 차이가 생겨난 것일까요?

설득 없이 설득되는 비즈니스 독심술

캐필라노 서스펜션 브리지는 발을 떼기도 쉽지 않을 듯한 긴장감 가득한 장소인데, 그런 다리를 건너다가 인터뷰를 하는 여성을 만났습니다. 보통 매력적인 이성을 만나면 가슴이 뛴다고 하죠. 과연 이 경우에도 그럴까요? 출렁다리는 저절로 가슴이 뛰는 곳인데, 그런 상황에서 여성을 만났으니 그 두근거림이 여성 때문이라고 생각하게 된 겁니다. 그러니까 흔들리는 다리를 건너는 긴장감 때문에 가슴이 뛰는지, 여성이 마음에 들어서 가슴이 뛰는지를 구분하지 못하는 거죠. 그래서 캐필라노 서스펜션 브리지에서 만난 남성들이 안정적인 다리를 건넌 남성들보다 훨씬 더 많이 여성에게 전화를 걸었던 겁니다.

여성을 만나서 가슴이 뛰는 건지, 아니면 가슴이 뛰는 곳에서 여성을 만나니 매력적으로 보인 건지를 이 연구를 통해 증명했습니다.

←→

TOPIC 2. 행동 점화

한 번 행동하면
몸과 마음이 행동을 따라갑니다.

**여러분의 미래는
지금 무엇을 하고 있느냐에 의해 결정됩니다.**

여러분이 원하는 것은 무엇이고
무슨 행동을 하고 계십니까?

TOPIC 3
초기 개입

1

행동 점화 유도의 초기 개입

1-1. 동전도 괜찮습니다

📑 관련 논문

Increasing compliance by legitimizing paltry
contributions: When even a penny helps

저자 Rober B. Cialdini, David A. Schroeder

출처 Journal of Personality and Social Psychology (1976), 34(4), 599-604

베스트셀러인『설득의 심리학』의 저자 로버트 치알디니 교수
의 아주 유명한 연구입니다. 여러분은 지난 1년간 기부를 해보
신 적이 있나요? 항상 마음은 있지만 생각보다 사람들이 기부
를 잘 하지 않습니다. 그래서 치알디니 교수는 어떻게 하면 더
많은 사람이 기부할 수 있을까에 대해 연구했습니다.

실험대상자를 두 그룹으로 나누어, A그룹에게 "미국 암 협
회를 돕기 위해 돈을 모으고 있는데, 당신도 기부하시겠습니
까?"라고 물었습니다. B그룹에게도 똑같이 물었는데 마지막에
한 마디를 덧붙였습니다. "동전도 괜찮습니다."

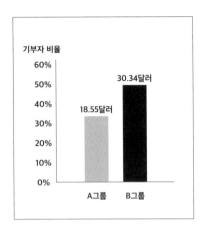

결과를 살펴볼까요? A그룹은 구성원 가운데 30%가 기부를 했고 기부액은 18.55달러였습니다. 반면, "동전도 괜찮습니다" 라는 말을 들은 B그룹은 50%의 구성원이 30.34달러를 기부했습니다. 기부자 비율도, 기부금 액수도 꽤 큰 차이가 나네요.

'동전'에 대한 이미지

왜 이런 일이 벌어졌을까요? '동전'이라는 단어가 연상시키는 '푼돈'의 이미지 때문입니다. 동전은 실제로 큰돈이 아니고, 우리 주머니에도 몇 개 있고, 쉽게 사라지는 돈이라고 여겨지죠.

반면 지폐는 대부분 지갑에 고이 보관되어 있습니다. 그래서 지폐는 꺼내기가 좀 아깝고, 동전은 기부해도 무방한 돈으로 생각하는 겁니다.

그래서 "동전도 괜찮다"는 말로 동전이 푼돈이라는 인식을 자극하면, 사람들이 더 쉽게 기부 활동에 참여하게 되는 겁니다. 100원짜리 동전 10개나 1000원짜리 지폐 1장이나 값어치는 똑같지만, 지폐 한 장 없어지는 것보다 동전 10개 없어지는 게 훨씬 더 마음이 편합니다.

이처럼 사람들이 행동하기 좋은 방식으로 첫 번째 행동을 유도하는 것을 '개입Commitment'라고 합니다. 상대에게서 내가 원하는 행동을 이끌어내는 것입니다.

1-2. 자원봉사를 하시겠습니까?

📑 관련 논문

On the self-erasing nature of errors of prediction

저자 Steven J. Sherman

출처 Journal of Personality and Social Psychology (1980), 39(2), 211-221

그러면 '개입'과 관련된 연구를 살펴봅시다. 시민들의 자원봉사 활동이 필요한 어느 암 센터에서 어떻게 하면 더 많은 자원봉사자를 모집할 수 있을지 연구했습니다. 이 연구에서는 사람들이 개입할 수 있도록, 즉 연구자가 원하는 방향으로 행동하도록 사전에 장치를 마련했습니다.

밑도 끝도 없이 '암 환자를 도와주는 자원봉사자를 모집합니다!'라고 외치는 게 아니라, 모집 3일 전 혹은 더 이전에 암 환자를 돕는 것이 얼마나 중요한 일인지에 대해서 설문조사를 진행하는 겁니다. 조사에 응한 사람들 대부분은 당연히 긍정적인 답변('예스')을 했을 것입니다. 암으로 고통받는 환자들을 마땅히 도와주어야 한다고 생각할 테니까요. 이 연구에서는 무작정 자원봉사자를 모집했을 때와, 이렇게 설문조사를 진행한 후 자원봉사자를 모집했을 때 어떤 차이가 있는지 그 결과를 측정했습니다.

700%

'암 환자를 돕는 것이 얼마나 중요한가요?'라는 설문에 긍정적인 답변을 한 사람들에게 암 센터 자원봉사를 권유했을 때 실제로 참가한 인원과, 사전 설문 없이 그냥 자원봉사를 권유했을 때 참가한 인원을 비교해보니, 설문에 응답한 사람이 무려 7배나 더 높은 참가 비율을 보였습니다.

'암 환자들은 정말 고통스럽고 힘든 시간을
보내고 있겠지?–그럴 거야.'
'그럼 도와줘야 하지 않을까?–도와줘야지.'
'시간이 되면 자원봉사를 한번 해볼까?–그래!'

이렇게 두세 차례 '예스'라고 대답하고 나서 며칠 후 자원봉사 요청을 받으면 참가율이 무려 7배나 더 높아진다는 겁니다.

이 연구는 자녀교육과 관련해서도 매우 중요합니다. 자녀들을 말로 설득하는 것은 의미가 없습니다. 자녀들이 그 일에 개입할 수 있도록 '예스'를 유도하는 게 중요합니다. 물론 무작정 부모 마음대로 자녀를 이끌어서는 안 되겠죠. 자녀가 좋아하는 행동으로 어느 정도 타협을 하고 나서, 그래도 변화가 눈에 보이지 않을 때, 그때 사전에 예스를 개입시키는 겁니다. 그러면 원하는 행동을 하게 될 확률이 월등히 높아집니다.

1-3. 작은 승낙이 큰 승낙 된다

📑 관련 논문

Compliance without pressure: The foot-in-the-door technique

저자 Jonathan L. Freedman, Scott C. Fraser

출처 Journal of Personality and Social Psychology (1966), 4(2), 195-202

미국 캘리포니아주에 '팰로 앨토 Palo Alto'라는 동네가 있습니다. 캘리포니아의 부촌 중 하나인데, 자동차 사고가 자주 발생하는 지역이기도 합니다. 이 연구에서는 팰로 앨토의 114개 가구를 찾아가 받아들이기 다소 부담스러운 부탁을 했습니다. '속도를 줄이세요', '무단횡단을 하지 마세요'와 같은 교통표지판을 정원에 세울 수 있게 허락해달라고 한 것이죠. 미국 캘리포니아주의 도로교통법상 교통표지판은 크기가 가로세로 1.5미터입니다. 자동차를 타고 지나가며 보기에는 적절한 크기이지만 실제 크기는 상당하고, 특히 자기 집 정원에 세워져 있다면 더더욱 크게 보일 것입니다. 이런 표지판을 정원에 세워달라고

163

←——→

하면 어떤 반응이 나올까요?

스티커 하나만 불일게요

연구 대상을 두 집단으로 나누었습니다. 첫 번째 집단에게는 사전에 아무런 개입 없이 "이곳은 교통사고 다발지역인데, 선생님 댁 정원에 교통표지판을 세워도 될까요?"라고 물었습니다. 허락한 사람은 불과 16~17%였습니다. 83~84%는 "왜 꼭 우리 집이어야 하나요?"라고 하며 거절했습니다.

두 번째 집단은 사전 개입이 들어간 집단입니다. 이 집단의 사람들에게는 실험을 진행하기 2주 전에 '나는 안전운전을 합니다'라고 쓰인 가로세로 12센티미터짜리 스티커를 붙여도 되느냐고 물었습니다. 손바닥 크기 정도의 스티커를 붙인다니, 사람들은 대개 허락했을 것입니다. 그러고 나서 2주 후에, 12센티미터 스티커는 잘 보이지 않으니 1.5미터짜리 표지판을 설치해도 괜찮겠냐고 추가 제안을 했습니다. 결국 두 집단에게 제안한 내용 자체는 똑같은데, 한 집단에게는 그 제안을 곧바로 했고, 다른 집단에게는 사전에 작은 부탁을 통해 '예스'라는 대답

설득 없이 설득되는 비즈니스 독심술

을 한 번 받았다는 것이 다른 점입니다.

16.7% 대 76%

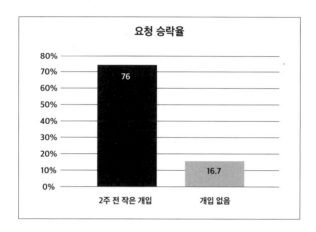

사전에 개입을 했을 때와 안 했을 때, 교통표지판 허락 결과는 76%와 16.7%로 5배 가까운 차이를 보였습니다. 사전에 12센티미터 스티커를 붙이게 해달라고 부탁하고, 2주 후에 1.5미터 표지판을 설치하게 해달라고 부탁한 그룹은 76%가 표지판을 세워도 된다고 허락했습니다. 하지만 밑도 끝도 없이 정원에 1.5

미터 표지판을 세우자고 했을 때는 83%가 거절을 한 겁니다.

이 두 집단의 차이는 **사전에 '예스'를 했느냐 안 했느냐입니다. 한 번 승낙하게 되면 그다음 '예스'는 훨씬 더 쉬워집니다.** '12센티미터 스티커 붙였는데, 1.5미터라고 못할 거 있나?'가 되는 겁니다. 머릿속 어떤 개념이 5~10%만 활성화되면 100%가 되는 건 어렵지 않습니다.

사전에 작은 부분에 대해 '예스'라고 말하는 행동, 'Small Yes'를 통해 한 영역의 개념이 활성화되면, 나중에 단점이 보이더라도 행동을 바꾸기가 쉽지 않습니다. 사람은 자기 일관성이 깨지는 것을 매우 싫어해서, 대체로 일관성을 유지하는 방향으로 행동하게 되죠. 그래서 사전에 뱉은 '예스'가 끝까지 이어지는 겁니다.

사람은
한 번 정한 입장을 좀처럼 바꾸지 않습니다.

사전에 사소한 것에 '예스'라고 했다면
그다음 벌어질 일에 대해서도 '예스'라고 할 확률이 높습니다.

비즈니스에서 상대방을 설득하려고 하지 마세요.
행동하게 만드는 것이 좋습니다.

"네, 그렇게 하겠습니다!"
"네, 이 브랜드의 방침을 따르겠습니다!"
더 나아가서,
"이 브랜드는 정말 좋아요!"

소비자 스스로 이런 말들을 하게 유도하면,
그 소비자는 자연스럽게 당신의 비즈니스 안으로
들어올 것입니다!

2

초기 개입의 효과

2-1. 에너지 절약 동참

📱 관련 논문

An Application of the Foot-in-the-Door Strategy in the Environmental Field

저자 Sebastien Meineri, Nicolas Guégueen

출처 European Journal of Social Sciences (2008), 7(1), 71-74

초기 개입의 일관적인 특징은 모든 영역에 대해서 동일한 효과를 가져온다는 것입니다. 그래서 지금부터는 다양한 상황에서 초기 개입이 가져오는 효과들을 보겠습니다.

에너지 절약의 필요성은 많이들 인식하고 있지만, 실천은 그리 쉽지가 않습니다. 그래서 에너지 절약을 실천하기 위해 사전에 '스몰 예스'를 유도한다는 계획을 세웠습니다. 에너지 절약에 대한 설문을 먼저 진행한 후 '동참하시겠습니까?'라고 묻는 겁니다.

이 연구에서 진행한 설문은 아래와 같은 질문으로 이루어졌습니다.

'지구가 힘들어하고 있습니다.
우리가 사는 지구를 지켜주어야 할까요?'
'에너지 낭비가 심합니다.
에너지를 아껴 써야 하지 않을까요?'

이처럼 '네'라는 대답이 나올 만한 질문을 연속으로 던져 '네'를 유도합니다. 여기서 중요한 건 '아니요'라는 대답이 나오게 하면 안 된다는 것입니다. '아니요'를 하는 순간 '아니요'가 활성화되기 때문이죠. 계속해서 '네'라고 대답할 수 있는 조건을 만들고 마지막에 묻습니다.

'에너지 절약에 동참하시겠습니까?'

그러면 응답자 가운데 52%가 에너지 절약에 동참하겠다고 합니다. 그런데 이런 사전 절차 없이 그저 '에너지 절약에 동참하시겠습니까?'라고만 물었을 때, 실제 에너지 절약에 동참하

설득 없이 설득되는 비즈니스 독심술

겠다고 답한 응답자 비율은 21%였습니다.

이런 결과에서 보듯, 반드시 개입하게 만드는 것이 매우 중요합니다. 타인과 의견을 조율하는 건 정말 어려운 일입니다. 제 경험상 누군가를 제 의견대로 이끄는 것, 타인과 의견을 조율하는 것은 거의 불가능이라고 느껴질 정도입니다. 말로써 설득하는 것보다, 이 연구처럼 행동을 요청하는 것이 훨씬 더 강력한 힘을 발휘합니다. 그러니까 "예스!"라고 말할 수 있도록 설계를 잘하는 것이 바로 훌륭한 리더가 되는 길입니다.

2-2. 오늘 날씨가 참 좋네요

📑 관련 논문

The influence of verbal responses to common greetings on compliance behavior: The foot-in-the-mouth effect

저자 Daniel J. Howard

출처 Journal of Applied Social Psychology (1990), 20(14, Pt 2), 1185-1196

이 연구에서는 기아 구호 활동에 필요한 자금을 마련하기 위해 모금 활동을 벌이는 상황을 가정했습니다. 실험대상자를 두 집단으로 나누었습니다. 한 집단에는 면접원이 다가가 "기아로 고통받는 사람들이 정말 많습니다. 그 사람들을 위해 비스킷을 좀 사주시겠어요?"라고 이야기합니다. 다른 집단에게 다가가서는 본론을 꺼내기 전에 몇 가지 일상적인 대화를 시도했습니다. "오늘 날씨 참 좋네요!", "나뭇잎이 정말 예쁘죠?"와 같이 본론과는 전혀 상관없는 질문을 던진 거죠. 사람들이 웬만하면 "네"라고 대답할 만한 것들입니다.

⟵⟶

설득 없이 설득되는 비즈니스 독심술

18% 대 32%

큰 의미 없는 질문이지만 "네"라는 긍정 반응을 유도한 후에 비스킷 구매를 요청하면, 곧바로 요청만 할 때보다 2배 가까이 구매율이 높아집니다. 관련 없는 주제인데도 사전에 '네'를 두세 번 하게 되면 '네'가 활성화되는 겁니다.

이 연구를 알게 된 어느 미용업체 회장님이 곧바로 모든 직원에게 이 내용을 전달했습니다. 손님이 "네"라고 대답할 수 있는 유도 질문을 10개 정도 만들어놓고 연습하게 했죠. 그래서 손님이 매장을 방문하면 그 질문들을 우선 던져서 긍정적인 반응이 나오게 한 후에, 그다음 본론으로 들어가는 겁니다. "이 헤어스타일이 어울리실 것 같은데, 한번 해보시겠어요?" 그러면 앞서 긍정 반응이 활성화된 손님은 높은 확률로 직원의 권유를 받아들이게 됩니다.

2-3. I want to break free

📑 관련 논문

The Role of Overt Head Movement in the Formation of Affect

저자 Gail Tom, Paul Pettersen, Teresa Lau, Trevor Burton, Jim Cook

출처 Basic and Applied Social Psychology (1991), 12(3), 281-289

책상 위에 파란색 볼펜이 있습니다. 그리고 퀸의 노래〈I want to break free〉를 틀었습니다. 실험대상자를 두 집단으로 나누어, 한 집단에게 이 노래에 맞춰서 리듬을 타라고 했습니다. 리듬을 탈 때는 대부분의 사람들이 고개를 위아래로 흔듭니다. 이건 긍정을 표현하는 방법과 똑같습니다. 노래를 들으면서 리듬을 타는데 자기도 모르게 자연스럽게 긍정 반응처럼 고개를 끄덕이게 되는 겁니다. 다른 집단에게는 같은 노래를 들려주면서 일부러 고개를 좌우로 흔들라고 했습니다.

노래가 끝나고 수업을 진행한 후에 사람들에게 다양한 색상의 볼펜을 보여주며 원하는 볼펜을 선물로 줄 테니 가져가라고 합니다. 각 집단의 구성원들은 어떤 색 볼펜을 가져갈까요?

75% 대 25%

노래를 들으며 리듬을 탈 때 책상 위에 놓여 있던 볼펜은 파란 색이었습니다. 고개를 위아래로 흔들며 리듬을 탄 사람들은 수 업이 끝나고 볼펜을 선택하라고 했을 때 75%가 파란색 볼펜을 선택했습니다. 반면에 고개를 좌우로 흔든 사람들은 25%만이 파란색 볼펜을 선택했습니다.

그러니까 '예스'라는 말을 하게 하는 것도 중요하지만, 예스 를 연상하는 행동을 하도록 유도하는 것도 효과가 있습니다.

초기 개입의 효과는 강력합니다.

초기 개입의 핵심은 상대로 하여금
내가 원하는 방향의 행동을 1~2회 하게 만드는 것입니다.

'근육 학습Muscle Running'이라는 용어가 있습니다. 사람의 의
지와 상관없이 근육이 학습을 하는 겁니다. 그리고 근육이 학습
한 내용에 생각이 따라 들어갑니다. 한 여성이 도와달라고 요청
을 해서 도와주게 되면, 비록 요청에 의해서이지만 몸이 '내가
이 여자를 도와주는구나'라고 학습을 합니다. 그런데 보통 도
와주는 행동은 상대에게 어느 정도 호감이 있을 때 하게 되죠.
그래서 시간이 지나면 요청에 의해서였다는 과정은 잊어버린
채 도와주었다는 사실만 남게 되고, 결국 그 여자를 좋아하게
될 확률이 증가합니다. 이런 일은 매우 빈번히 벌어집니다.

제품이나 서비스를 제공하고 나서
고객에게 의견을 요청합니다.

"저희 제품이 고객님에게 어떻게 도움이 되었을까요?
더 좋은 제품을 만드는 데 고객님 의견을 반영하겠습니다."

도움이 된 점, 즉 좋은 점을 말해달라고 요청하면, 고객은 좋은 점을 이야기하게 됩니다. 그리고 그 '좋은 점'이 근육에 **학습됩니다.**

그런데 실제로는 이런 요청이 상당히 많죠.

"저희가 개선해야 할 점을 알려주십시오."

이때 고객은 불편한 점이나 불만 사항을 이야기할 것이고, 그러면 제품이나 서비스에 대한 '안 좋은 점'이 고객의 근육에 학습되는 겁니다. 급기야 불편함을 토로한 고객의 불만은 이후 더 높아질 수도 있습니다.

2-4. 목적 지향적 행동

프랭클린의 초기 개입

초기 개입과 관련하여, 미국 건국의 아버지라고 불리는 벤저민 프랭클린의 아주 유명한 일화를 소개하겠습니다. 미국 정부에서 펜실베이니아의 강에 철교를 건설하려고 했습니다. 그런데 펜실베이니아주 의회 의원이 철교 건설을 반대했습니다. 타당한 논리도 없이 그냥 반대한 거예요. 그래서 반대하는 의원을 설득하기 위해, 프랭클린은 그를 만나서 이야기해보기로 했습니다.

면담 요청을 받은 주의원은 똑똑하기로 소문난 프랭클린과의 면담을 앞두고 예상 질문과 답변을 마련해가며 만반의 준비를 했을 것입니다. 그러고 나서 프랭클린과 대면했는데, 프랭클린은 대뜸 주의원이 갖고 있는 책 2권을 빌려줄 수 있느냐고 묻는 겁니다. 주의원 입장에서는 전혀 생각 못한 질문이었겠죠. 철도, 교량, 예산 등 철교와 관련된 논쟁을 하려고 잔뜩 준비했는데, 갑자기 책을 빌려달라니 당황스러웠을 겁니다. 두 사람이 그 당시 나눴을 법한 대화를 한번 상상해볼까요?

프랭클린	의원님, 혹시 '○○○'라는 책 갖고 계십니까?
주의원	네, 제 서재에 있습니다.
프랭클린	오, 요새 그 책이 인기가 많다던데 의원님도 갖고 계시는군요. 읽어보셨습니까?
주의원	네, 읽어봤습니다.
프랭클린	배울 점이 많던가요?
주의원	네, 많더라고요.
프랭클린	그럼 그 책을 저에게 한 달만 빌려주실 수 있으십니까?
주의원	네, 그러시죠.

주의원은 아마도 이런 사소한 부탁을 들어주고 큰 건은 밀어붙이자고 생각했을 겁니다. 그래서 책을 기꺼이 빌려주었고, 프랭클린은 책 2권을 빌려서 돌아갔습니다. 그리고 한 달이 지나 주의원과 다시 만난 프랭클린은 빌려갔던 책을 돌려주었습니다.

프랭클린	의원님, 빌려주신 책 잘 읽었습니다. 책 내용이 정말 좋더군요.
주의원	네, 재미있게 읽으셨다니 저도 기쁘네요.
프랭클린	자, 그럼 이제 강에 철교를 놓을까요?
주의원	네, 그럽시다.

대체 어찌 된 일일까요? 완고했던 주의원의 마음이 어떻게 바뀌게 되었을까요? 프랭클린의 행동에는 우리가 앞서 살펴본 초기 개입의 다양한 상황이 모두 들어 있습니다. 주의원을 만난 프랭클린은 곧바로 철교 이야기를 꺼낸 게 아니라, 책 이야기로 주의를 환기했죠. 그리고 주의원이 "네"라고 대답할 수 있도록 대화를 이끌어갔고, 주의원으로 하여금 책 2권을 빌려주는 긍정적인 행동을 하게 만들었습니다. 그리고 나니 결국 주의원이 마음을 열게 된 것입니다. 이처럼 한두 번 긍정적인 행동을 하면 그다음에도 긍정적인 행동을 할 확률이 높아집니다.

송아지를 우리 안에 넣는 방법

벤저민 프랭클린이 어렸을 때 일입니다. 송아지 한 마리가 우리 안으로 들어가지 않으려고 버티고 있었습니다. 노예들이 송아지를 밀어 넣으려고 애를 썼는데도 도저히 송아지의 힘을 당해내지 못했죠.

이때 프랭클린이 송아지 입에 손가락을 넣었습니다. 손가락이 입안에 들어오니 송아지는 그 손가락을 쭉쭉 빨았겠죠. 이때 프랭클린은 손가락을 살짝 빼서 우리 쪽으로 이동했습니다. 손가락을 빨던 송아지는 다시 손가락을 입에 넣고자 손가락이 가는 쪽으로 움직였습니다. 사람이나 동물이나 한 번 했던 행동을 계속하려는 성향은 똑같습니다.

여기서 중요한 건, 프랭클린이 송아지에게 원하는 행동이 분명했다는 점입니다. 송아지를 우리에 넣어야겠다는 명확한 목표가 있었던 거죠. 그리고 그 목표를 위해 한 첫 번째 행동이 손가락을 송아지 입에 넣은 것이고, 두 번째로 손가락을 조금 뺀 것입니다. 송아지 입장에서는 손가락을 빨았던 자신의 첫 번째 행동에 이어 두 번째로도 그 행동을 하려고 했겠죠. 그래서 손가락을 따라 우리 안으로 들어오게 된 것입니다.

Goal Focusing Behavior

프랭클린이 펜실베이니아주 의회 의원을 만나서 이끌어내고
자 했던 행동은 '예스'였습니다. 책 이야기를 하며 책을 빌려가
기까지 했지만, 실제 목표는 기차가 지나가는 교량 건설에 찬
성하게 만드는 일이었죠.

이처럼 자신이 원하는 결과를 이끌어내기 위해 행동하는 것
을 '목적 지향적 행동Goal Focusing Behavior'라고 합니다. 전략가
가 되려면 항상 목적이 있어야 합니다. 사람을 훈련시킬 때에도
목적 지향적 행동을 해야 합니다. 뚜렷한 목표를 갖고 트레이닝
하는 겁니다.

그런데 수많은 리더들은 본인이 싫어하는 행동을 수정하려
고만 합니다. "이렇게 하지 마세요. 저런 건 안 돼요!" 이렇게 말
하죠. 이런 경우 목표는 '싫어하는 행동을 못하게 하는 것'이 됩
니다. 그러면 원래의 목표와 의도는 희미해지고, 목표 자체가
여기저기로 흩어져서 시간이 지나도 쌓이지가 않는 겁니다.

사람의 성격을 바꾸는 건 어렵습니다. 그 사람

의 성격을 바꾸려고 노력하지 말고, 오직 내가 원하는 행동을 정한 후, 그 행동을 하도록 만들면 됩니다.

3

초기 개입을 위한 방법

3-1. 원하는 것을 기록하고 발표하라

앞서도 몇 차례 이야기한 바와 같이, 초기 개입의 목적은 상대방이 내가 원하는 행동을 하도록 만드는 것입니다. 그러기 위해서 가장 좋은 방법은 바로 기록하고 발표하게 하는 겁니다.

배달 앱 회사 '배달의민족' 사내에는 '약속은 꼭 지켜라', '책임은 의사결정자가 져라', '서로 이야기를 많이 해라'와 같은 행동 강령이 있습니다. 그런데 이러한 강령도 말로만 해서는 직원들이 좀처럼 지키지 않습니다. 귀에 못이 박이도록 이야기해도 개인의 생활습관 등이 있으니 변화가 쉽지 않죠.

그렇다면 이런 강령들을 직원들이 잘 실천하도록 하려면 어떤 방법을 써야 할까요? '약속은 꼭 지켜라'라는 강령은 매우 중요한 항목이지만, 말로만 반복해서는 그다지 효과가 없습니다. 다음과 같은 상황을 만들어봅시다.

"우리 회사에는 '약속은 꼭 지켜라'라는 매우 중요한 강령이

185

$\longleftrightarrow$

있습니다. 알고 있죠?"

"네, 알고 있습니다."

"그 내용에 동의합니까?"

"네, 동의합니다."

"그렇다면, 여러분이 우리 회사와 한 약속을 어떻게 지킬 것
인지 정리해보고 그 내용을 발표해보세요."

그러면 직원은 자신의 업무 일과를 생각해볼 겁니다. 몇 시에
출근하고, 업무 시간을 어떻게 활용할지, 맡은 프로젝트를 어
떻게 진행하고 마감 기한을 어떻게 지킬지 등등, 회사와의 약
속을 지킬 계획과 방법에 대해 정리합니다. 그리고 그 내용을
발표합니다. 발표하는 순간 직원은 그 내용에 의해 행동에 개입
되기 시작합니다. 발표만큼 강력한 개입은 없습니다.

원하는 행동을 유도하기 위해 상대에게 기록하고 발표하게
하는 것이 끝이 아닙니다. 발표가 끝나면 내용에 대해 질문을
던집니다. 그리고 그 내용을 지키기 위해서 어떻게 행동할 것인
지 정해줍니다. 직원이 그것을 시행하면 피드백해줍니다.

3-2. 발표 이후

초기 개입을 위한 방법을 정리하면 다음과 같습니다.

1. 원하는 것을 기록하고 발표하게 하라.
2. 실천을 위해 어떻게 행동할지 정하라.
3. 직접 시행하게 하고, 상호 피드백하라.
4. 작은 칭찬을 나누고 반복하라.

구성원을 조직 문화에 개입시키기 위한 수많은 방법 가운데 가장 강력한 방법이 위의 4가지입니다. 이것보다 좋은 방법은 없다고 생각합니다. 이 방법은 신입사원을 교육할 때뿐 아니라 동료를 설득할 때, 자녀를 가르칠 때도 활용할 수 있습니다.

기업에서 개인이 달성할 목표를 'KPIKey Performance Indicator, 핵심성과지표'라고 합니다. 리더와 직원이 합의한 직원의 성과 지표를 말합니다. 프로젝트를 어떻게 진행할 것인지, 영업 매출을 어떻게 달성할 것인지, 계약을 몇 건 성사시킬 것인지 등,

영역별로 목표를 정합니다. 이렇게 정한 목표를 리더와 직원이 말로만 합의하지 말고, 달성 방법에 대해 정리해서 발표하게 해야 합니다.

"자, 우리가 합의한 당신의 KPI입니다. 맞지요?"
"네, 맞습니다."
"그러면 합의한 KPI를 달성하기 위해 어떻게 일해야 할지 의견을 정리해서 발표해주세요."
"네, 알겠습니다." (앞에서 '네'라고 했으니 이번에도 '네'라고 대답할 확률이 높아집니다.)

직원이 정리, 발표를 하면 그 내용에 대해 "이런 방법은 아주 좋습니다", "이 방식은 좀 문제가 있네요" 등의 피드백을 해주세요. 그러면 직원은 문제 있는 방식에 대해 "네, 수정하겠습니다"라고 답하며 실행하겠죠. 이제 이 내용에 대해서는 안 지키면 안 된다는 합의가 이루어지는 겁니다.

리더가 직원에게 일을 주었을 때 리더의 의도에 맞게 일이 진행되지 않는 경우도 있습니다. 주어진 일에 대해서 리더가 생각하는 방향과 직원이 생각하는 방향의 불일치가 일어나는 경우이지요. 이런 불일치가 벌어지는 건 연속적 개입을 하지 않았기 때문입니다.

그래서 직원들과 일을 할 때에는 '스텝 바이 스텝'으로 해야 합니다. 프로젝트를 처음 시작할 때는 물론이고 일을 진행하는 중간에도 틈틈이 과정을 확인해야 합니다. 윗사람은 항상 아랫사람보다 시간을 더 많이 써야 합니다. 이게 리더의 불행입니다. 이게 싫으면 리더를 하면 안 됩니다. 리더라는 자리는 아랫사람을 시켜서 몸이 편해지는 게 아니라 수고로움을 떠안고 결과를 관리하는 자리입니다.

자녀가 있으신 분들은 자녀들과 다툴 때가 있으시죠? 다툰다기보다는 의견이 불일치될 때가 있습니다. 내 자식과도 의견이 맞지 않는데, 수십 년을 다른 환경에서 자라온 사람과 어떻게 처음부터 의견이 맞을 수 있을까요? 의견 불일치는 어찌 보면 당연한 과정입니다. 그러니 이걸 맞춰가기 위해 부단한 노력이 필요합니다.

의견 불일치 상황을 해결할 때 논쟁 구도로 들어가서는 안 됩니다. 서로 의견을 반대하는 상황이 되면 결과는 나지 않고 감정만 상하게 됩니다. 반드시 총론, 각론, 소각론 등으로 잘라서 이야기해야 합니다. 리더의 역할이 이겁니다.

내가 개떡같이 얘기해도 누군가 찰떡같이 알아듣는 것을 바라지 마십시오. 리더가 개떡같이 이야기하면 직원들도 개떡같이 알아듣습니다.

성과를 향상시키기 위한 행동 점화,
바로 개입입니다.

의견을 정리해서 발표하고
행동을 정하고
실행하고 피드백하며
작은 칭찬을 나눈 다음,
이 과정을 반복하는 것.

아주 수고로운 일입니다.
많은 리더들이 이렇게 하지 않습니다.
왜 그럴까요?
리더들도 이렇게 해보지 않았으니까요.

하지만 해본 사람들은 쉽습니다.

이런 행동이 기업의 규칙에 들어 있어야 합니다.

4

행동 점화의 확장 1

4-1. 사회적 개입

행동 점화 확장 연구입니다. 여기서 '확장'이란 나 혼자만 어떤 행동을 하는 것에 그치지 않고 다른 이들과 엮이는 것을 말합니다. 나와 타인이 행동으로, 규범으로 묶이게 되면 어떤 일이 벌어지는지를 알아보는 것입니다.

무언가에 의해 나와 타인의 행동이 엮이면 개입의 양이 늘어납니다. 개입의 양이 늘어나면 행동이 빠져나올 공간이 더 좁아집니다. 그래서 더 깊이 들어가게 됩니다.

한 연구에서 연애결혼을 한 사람들과 중매결혼을 한 사람들을 대상으로 이혼율을 조사해보았습니다. 어느 집단의 이혼율이 더 높을까요? 중매결혼을 한 사람들에 비해 연애결혼한 사람들의 이혼율이 월등히 높았습니다. 우리나라에서 예전에는 중매결혼을 많이 했고, 지금은 연애결혼을 많이 합니다. 그런데 생각해보면 예전보다 요즈음에 이혼율이 훨씬 더 높습니다. 지금도 중국, 인도 같은 나라에서는 중매결혼을 많이 하는데,

이런 나라들의 이혼율은 매우 낮다고 하죠.

그 이유가 뭘까요? 바로 '사회적 개입Social commitment'입니다. 중매결혼에는 당사자뿐 아니라 가족끼리도 연결 고리가 있습니다. 가족과 가족이 결합되면 결혼 당사자들은 빠져나오기가 상당히 어렵습니다. 그래서 쉽게 이혼하지 못하는 겁니다.

사회적 개입의 다른 예를 하나 더 들어보겠습니다. 모든 기업이 고민하는 아주 중요한 문제 중 하나가 직원들의 퇴사율을 낮추는 것입니다. 실제로 대기업에서 신입사원이 입사 6개월 안에 퇴사하는 비율이 35%가 넘습니다. 면접장에서나 갓 입사했을 때는 모두들 마치 이 회사에 뼈를 묻을 것처럼 말하는데, 그중 35%가 6개월 내에 사표를 낸다는 겁니다.

대기업에서 직원을 새로 채용하면 1년간 들어가는 비용이 얼마일까요? 직원 연봉을 제외하고도 평균 2500만 원이 들어간다고 합니다. 신입사원을 100명 뽑았는데 그중 40명이 퇴사한다고 하면 10억 원의 돈이 허공으로 날아가는 거죠. 퇴사자의 자리를 메우기 위해 직원을 새로 뽑으면 또 그만큼 돈이 들어가고요. 그래서 퇴사율을 낮추는 것이 기업의 중요한 이슈가 된 겁니다.

그렇다면 기업에서 퇴사율을 낮출 수 있는 가장 확실한 방법은 뭘까요? 바로 교수 추천입니다. 교수의 추천으로 어느 회사에 들어가면, 나와 회사 사이에는 나를 추천해준 교수님이 끼어 있는 겁니다. 당장 회사를 박차고 나가고 싶어도 교수님과의 관계가 있으니 한 번이라도 더 생각해보게 되겠죠. 퇴사한다면 기껏 추천해준 교수님은 난감하실 테고 사제관계까지 껄끄러워질 수 있을 테니까요. 이게 바로 사회적 개입입니다. 사회적 개입이 적용되는 경우가 정말 많습니다.

4-2. 투자 성향 실험

📃 관련 논문

Vicarious entrapment: Your sunk costs, my escalation of commitment

저자 Brian C. Gunia, Niro Sivanathan, Adam D. Galinsky

출처 Journal of Experimental Social Psychology (2009), 45(6), 1238-1244

실험대상자 전체에게 자신이 새로운 부사장이 되었다고 가정해보라고 한 후에 1000만 달러의 투자금이 있다고 알려주었습니다. 그런데 한 집단에게는 이전 재무 부사장이 500만 달러를 투자했던 사실을 알려주었습니다. 다른 집단에게는 이런 정보 없이 그냥 1000만 달러를 투자할 수 있다고 알려주었습니다.

앞 집단은 심리적 결합 집단입니다. 전임 부사장이 어떤 과정으로 투자했는지 추론해보고 심리적으로 결합시키게 되죠(실제로 전임 부사장은 그저 가상의 인물일 뿐입니다). 다른 집단은 이런 사실을 전혀 모르고 있습니다. 그러고 나서 모두에게 프로젝트에 얼마의 비용을 투자할 것인지 물었습니다.

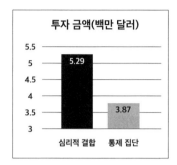
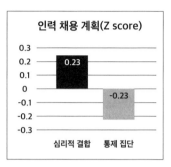

결과를 보면 심리적 결합 집단은 530만 달러를 투자한다고
했고, 그렇지 않은 통제 집단은 387만 달러를 투자하겠다고 했
습니다. 이 두 집단의 차이는 오직 하나, 전임자가 했던 일에 심
리적으로 결합되어 있느냐 아니냐입니다. 전임 부사장은 일면
식도 없으니 심리적 결합이 매우 약한 수준인데도, 이 정도의
결합만으로도 투자 금액이 143만 달러나 차이가 납니다. 그러
니 강한 심리적 결합을 만들어내면 효과는 더 눈에 띌 것입니다.

인력 채용 계획에서도 두 집단의 차이가 극명합니다. 전임 부
사장의 의사 결정 과정을 추론하는 것만으로도, 인원을 더 뽑
아서 프로젝트를 진행하려는 경향이 증가했습니다.

4-3. Did Not Attend

사회적 개입을 만드는 또 하나의 방법은 '규범Social Norm'입니다. 우리 사회에서 당연하게 여겨지는 것, 꼭 지켜야 할 것으로 묶어버리는 겁니다. 한국에서 모르는 사람끼리 싸움이 나면 빠지지 않는 말이 있습니다. "너 몇 살이야?" 왜 그럴까요? 우리는 장유유서 문화에 익숙합니다. 아랫사람이 윗사람을 존중하고 예의를 갖추는 것이 우리의 사회적 규범이죠. 그래서 "너 몇 살이야?"라는 말 속에는 우리의 규범을 내세우려는 의도가 들어 있는 것입니다. 윗사람이 먼저 잘못을 했을 수 있는데도, 그 순간에는 누가 옳고 그른가가 중요한 게 아닙니다. 사회적 규범으로 묶이면 꼼짝할 수 없는 상황이 벌어지는 겁니다.

'DNA' 하면 맨 먼저 '유전자'라는 뜻을 떠올리게 되는데, 다른 뜻이 하나 더 있습니다. Did Not Attend, 약속해놓고 오지 않는 것을 말합니다. 이런 사람들 때문에 영국 병원들이 연간 낭비하는 비용이 무려 1조 6천억 원이나 된다고 합니다. 환자 입장에서는 '나 하나 안 가는 것쯤이야'라고 생각하겠지만, 그 환자가 연락도 없이 오지 않으면 의료진은 기다려야 하고 그러면서 이후 진료 일정에 큰 차질이 생기는 거죠. 그래서 영국 병원들이 연합한 연구단체에서 DNA 비율을 낮추기 위한 실험을 했습니다.

수납 직원이 환자에게 다음 진료 예약 날짜와 시간이 적힌 예약 카드를 제공합니다. 카드를 줄 때 조건을 세 가지로 달리했습니다. 첫째, "3일 뒤 오전 10시 30분 예약입니다. 들으셨죠?"라고 말로 확인하는 것입니다. 둘째, "카드에 오전 10시 30분이라고 적으세요"라고 하며 글로 확인하는 것입니다. 듣는 것보다 적는 것이 더 센 행동이죠. 그리고 마지막, "예약 시간에 맞춰 오는 것은 영국 국민들이 지켜야 할 규범입니다"라고 말해주는 겁니다. 규범을 일깨워주는 거죠. 그리고 나서 각 조건별로 DNA 비율을 측정했습니다.

평소처럼 4자리의 예약번호만 알려줄 때에는 DNA 비율이 1.1% 증가했습니다. 이 상태에서 "들으셨죠?"라고 말로 확인했더니 DNA 비율이 3.5%가 낮아졌습니다. 그런데 "적으세요"라고 했더니 DNA 비율이 18%가 줄어들었습니다. 그리고 "사회

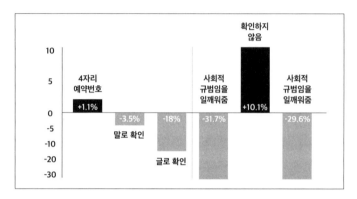

DNA 감소 비율

적 규범입니다"라고 하자 DNA 비율이 31.7% 줄었습니다.

그런데 재미있는 건 이렇게 하다가 다시 확인을 안 하면 DNA 비율이 10% 늘어난다는 점입니다. 그리고 다시 "사회적 규범입니다"라고 하면 29.6% 감소합니다.

"적으세요"라고 하는 것보다, "사회적 규범입니다"라고 하는 것이 훨씬 더 효과적이고, 비용도 줄일 수 있게 됩니다. 사회적 규범은 이렇게 강력한 힘을 갖고 있습니다.

예약금 효과

위 실험과 비슷한 상황을 만들어보겠습니다. 세미나에 참석하지 않는 사람들의 비율이 높은데, 어떻게 하면 이 비율을 낮출 수 있을까요?

· 말로 '예스' 하게 하는 방법
· 글로 '예스' 하게 하는 방법
· 사회적 규범을 일깨워주는 방법

어떤 방법이 좋을까요? 셋 다 하는 게 가장 좋습니다. 이 세 가지 방법의 기본은 인간의 근육이 행동에 들어가는 것입니다. 생각이 아니라 근육이 학습하게 만드는 것이죠.

그런데 위의 세 가지보다 더 강력한 방법은 돈과 관련된 방법입니다. 사람들은 손실을 매우 싫어하죠. 그래서 사전에 예약금을 내고 불참 시 돌려받지 못한다고 한다면 불참할 확률이 더 낮아집니다.

저는 다양한 심리학 연구를 가지고 강의도 하고 컨설팅도 하고, 기업의 온갖 의사결정에 자주 개입하기도 합니다. 그래서 이런 연구 내용에 대해 잘 알고 있습니다. 그런데도 정작 제가 그런 상황에 처하면 저도 똑같아집니다.

제가 원화 통장에서 돈을 일부 인출해서 달러를 산 후 외환 통장으로 옮겼습니다. 둘 다 제 통장입니다. 돈이 어디로 간 것도 아니고 원화 통장에서 외환 통장으로 옮긴 것뿐입니다. 그런데도 가슴이 아프더라고요. 원화 통장에 있든 외환 통장에 있든 다 제 돈이잖아요? 그런데도 원화 통장의 잔고가 줄어드니 가슴이 아팠습니다. 사람들이 이렇게 돈이 없어지는 것을 싫어합니다. 그래서 예약금을 걸면 불참할 확률이 낮아지는 겁니다.

←→

개입의 단계

생각이 들어가는 건 약한 단계
근육이 들어가는 건 강한 단계
돈이 들어가는 건 아주 강력한 단계입니다.

계속 개입시켜야 합니다.

4-4. 재몰입을 위한 장치

구간 목표를 설정하라

규범으로 묶는 것이 강력한 개입 방법이라고 이야기했습니다. 이걸 더 강력하게 만드는 방법이 있습니다. 기업에서 보통 목표를 설정할 때 '매출액 35% 증가'와 같이 구체적인 수치를 언급합니다. 그런데 이것보다 '매출액 25~45% 증가'처럼 구간을 설정하는 것이 훨씬 더 좋습니다.

위의 예시처럼 25%에서 45% 사이라고 구간을 설정한 후, 실제 매출액이 28% 상승했다고 가정해봅시다. 최저선인 25%보다 높은 수치입니다. 45%에는 못 미치지만 그래도 목표는 달성했습니다. 그러면 '내가 성공했구나'라는 긍정적인 신호를 받게되고, 재몰입이 이루어질 확률이 훨씬 더 높아집니다.

예를 한 가지 더 들어봅시다. 다이어트를 할 때 '10킬로그램을 빼겠어!'라는 목표보다 '7~13킬로그램을 빼겠어!'라는 목표를 세우는 겁니다. 10킬로그램 감량을 목표로 삼았는데 9킬로그램이 빠지면 다이어트에 실패한 셈이 됩니다. 하지만 7~13킬로그램 감량으로 정했다면 9킬로그램이 빠져도 다이어트에 성공한 것입니다. 최대치에 다소 모자라기는 하지만요. 그러면 재몰입을 할 수 있는 여지가 생깁니다.

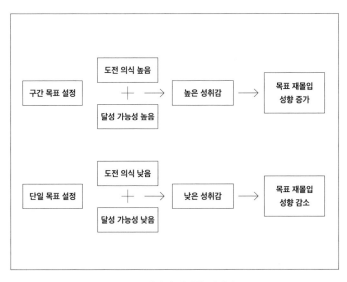

목표를 어떻게 설정할 것인가

이처럼 구간 목표를 설정하면 마음이 편안해지면서 재몰입에 훨씬 유리해집니다. 더 많이 도전하게 되고, 비록 최고점에 이르지는 못했어도 성공한 경험이 있기에 더 높은 목표를 향해 가려는 성향이 증가합니다.

또한 목표의 최저점보다는 높으니 얻는 게 있습니다. 일단 성공의 경험을 해보는 것이 중요합니다. 그래서 제가 늘 하는 이야기가 "작은 성공의 경험을 반복하라"는 것입니다.

성공을 경험하라

여러분 스스로에게 실패의 경험을 맛보게 해서는 안 됩니다. 제 인생의 가장 중요한 지향점은 죽을 때까지 성장하는 것입니다. 이것이 제가 저에게 준 인생의 목표입니다.

저는 사람이 나이가 들어도 계속 성장해야 한다고 생각합니다. 성장은 점프하는 것처럼 한 번에 할 수 있는 것이 아닙니다. 차근차근 꾸준하게 성장하는 것이 중요합니다. 그래서 저에게는 지금이 제 전성기이고, 내년에는 내년이 전성기입니다. 후년에는 후년이 전성기입니다. 전성기를 유지하기 위해 저는 술을 마시지 않고 운동을 합니다. 이것이 바로 제 인생에 개입하는 방법입니다. 개입을 하면 개입한 대로 나아가게 됩니다.

반대로 개입을 해볼까요? '이 나이에 뭐 별거 있나? 늙으니까 주름만 늘어나고…' 이렇게 생각하면 그렇게 가게 됩니다. 〈무한도전〉이라는 예능 프로그램에서 유재석 씨와 이적 씨가 부른 〈말하는 대로〉라는 노래가 있죠. 그런데 말하는 대로 이루어지는 게 아니라 개입하는 대로 이루어지는 겁니다.

'10킬로그램을 빼야지'라고 했는데 8킬로그램이 빠지면 실패 확증이 됩니다. 사람은 실패를 확인하고 싶어 하지 않죠. 그래서 실패 확증이 가까워지면 목표를 바꿔버립니다. '살 빼는 게 뭐가 중요해? 맛있게 먹으면 0칼로리!' 이렇게 되는 겁니다. '공부를 잘 못하면, 사업이 잘 안 되면 뭐 어때? 행복한 게 제일이지!' 목표가 바뀌는 거예요.

실패 확증을 피하라

사람은 실패를 확인하는 것을 아주 싫어합니다. 그런데 하나의 수치로만 목표를 세우면 성공 아니면 실패밖에 없습니다. 보통 사람들은 목표를 높게 세우려고 하죠. 초등학교 때 방학마다 그렸던 동그란 생활계획표를 떠올려보세요. 동그라미에서 많은 부분이 '공부'로 채워집니다. 아침 먹고 공부, 점심 먹고 공부, 저녁에도 공부하겠다고 계획을 세웁니다. 그런데 여러분은 잘 실천하셨습니까?

초등학교 때 이렇게 말도 안 되는 계획표를 짜고 그 계획표를 폐기하는 경험을 하게 되면, 자기가 세운 목표를 폐기하는 습관이 근육에 들어오게 됩니다. 앞서도 말했지만 근육에 습관이 들면 좀처럼 바꾸기가 쉽지 않습니다. 그래서 지킬 수 없는 무리한 계획을 어릴 때부터 세우게 하면 안 됩니다. 하루에 30분씩 공부하기, 책 10페이지 읽기, 엄마 아빠랑 책 읽은 것에 대해 10분 대화하기 등 충분히 실천 가능한 낮은 목표를 세우게 하세요. 이렇게 해서 목표를 달성하면 축하해주고 칭찬해주세요. 낮은 목표에서 성공의 과정을 반복하는 겁니다. 조금 느리다고 생각할 수 있지만 상관없습니다. 어차피 우리는 100년을 사니까요.

초반의 실패가 중요한 게 아니라
계속해 나가는 것이 중요합니다.

목표를 한 가지로 세우지 마시고,
구간으로 정하세요.

도전 의지는 높아지고,
마음은 편해집니다.

그러면 재도전 의사가 증가합니다.

5

행동 점화의 확장 2

5-1. 하버드 대학교의 학생 선발

📑 관련 논문

Book Review : Communication and Persuasion: Central and Peripheral Routes to Attitude Change, Richard E. Petty and John T. Cacioppo

저자 David O. Sears

출처 Public Opinion Quarterly (1988), 52(2), 262-265.

이 논문은 리처드 페티와 존 카시오포 등 여러 학자들이 연구한 내용을 종합한 것입니다. 하버드 대학교에서 학생을 선발할 때 최종 면접에서 3가지 항목을 보는데, 이 항목들은 하버드뿐 아니라 미국의 소위 일류 대학교들에서도 학생 선발 시 활용한다고 합니다.

Self Motivation

첫 번째로 보는 것은 동기입니다. 저 학생 스스로 동기가 있느냐는 겁니다. 앞서 이야기했듯 동기 부여가 되려면 계속 도전하려는 마음을 가지고 있어야 합니다. 그러려면 성공하는 경험을 자꾸 해야 합니다. 앞에서 살펴본 연구를 상기해볼까요? 똑똑하다고 칭찬하면 똑똑한 사람으로 계속 남고 싶어서 도전에 소극적이 되는 반면, 노력하는 자세를 칭찬하면 노력이 프라이밍되어 더 도전해보려는 성향이 강해졌습니다. 작은 성공을 반복적으로 경험하게 해주는 거죠. 작은 성공이 반복되어야 스스로 동기 부여를 하고, 계속 도전할 힘을 얻습니다.

Ability to Solve

충만한 동기만 있어서는 안 되겠죠. 그 동기를 채울 수 있는 **실력이 있어야 합니다.** 한국에서는 동기보다 실력에 치중하는 경향이 있습니다. 이유나 과정은 뭐가 되었든 점수만 높으면 됩니다. 하지만 점수만 높고 동기가 낮으면 소용이 없습니다. 동기와 실력은 같이 움직이는 겁니다.

위의 두 가지는 우리나라 대학교나 회사에서 학생 혹은 직원을 선발할 때도 많이 보는 항목입니다. 그런데 마지막 하나가

결정적입니다.

Endurance

바로 참을성입니다. 공부를 하려면 동기 부여도 중요하고 실력도 중요하지만, 참을성이 있어야 한다는 것입니다. 이 내용을 〈하버드 비즈니스 리뷰〉에서 보고 정말 깜짝 놀랐습니다.

중간계 캠퍼스를 진행하면서 저는 수업에 참여하시는 분들과 상담을 많이 합니다. 그런데 이야기를 들어보면 동기 부여도 되어 있고 열심히 노력해서 실력도 키웠는데, 참을성이 모자란 경우가 많았습니다.

참을성이 왜 안 될까요? 제가 어렸을 때는 부모님이나 선생님들로부터 참을성을 길러야 한다는 말을 아주 많이 들었습니다. 그런데 곰곰이 생각해보니 제가 아이들을 키우면서는 참을성에 대해 이야기를 한 적이 없었습니다. 동기 부여, 실력에 대해서는 자주 언급했으면서요. 정말 중요한 건 참을성인데 그 내용은 쏙 빼놓았던 겁니다. 개인 생활에서의 참을성도 중요한

데, 비즈니스 차원의 참을성도 아주 중요합니다.

비즈니스에서 성과가 나려면
1. 핵심 경쟁력이 있어야 하고,
2. 고정 고객이 있어야 하고,
3. 사장님이 업의 개념을 명확히 갖고 있어야 합니다.

그리고, 참을성이 있어야 합니다.

5-2. 참을성의 대가

영국인들이 가장 존경하는 리더 중에 남극 탐험가 어니스트 섀클턴이라는 사람이 있습니다. 그는 1914년 27명의 대원과 함께 남극 탐험에 나섰는데, 얼음이 둥둥 떠다니는 바다를 지나던 중 바다가 꽁꽁 얼어붙는 바람에 유빙에 갇히고 말았습니다. 그런데 섀클턴과 27명의 대원들은 영하 30도에 달하는 극한의 추위를 634일간, 즉 1년 8개월여 동안 견뎌내고 무사히 살아 돌아왔습니다. 어떻게 이런 일이 가능했을까요?

섀클턴과 대원들 모두 출발 당시에는 반드시 남극을 탐험하고 말겠다는 굳은 목표를 품고 있었을 겁니다. 그러나 예상하지 못했던 사고를 당하고 한두 달의 시간이 흐르자, 탐험대의 목표는 전원 생존으로 바뀌었습니다. 그 목표를 달성하기 위해서 모든 대원이 지식을 총동원했습니다.

이들이 가장 먼저 생각한 것은 '뭐부터 버릴까요?'였습니다. 불필요한 것들을 버려야겠죠. 그들이 가장 먼저 버린 것은 돈이었습니다. 남극의 유빙 속에서는 돈이 필요가 없으니까요. 그 다음으로 생각한 것이 '어디로 가면 살 수 있을까?'였습니다. 두 번째 질문의 해답을 찾기 위해 그들이 1년 8개월 동안 남극을 떠돌았던 이야기를 하려고 합니다.

섀클턴 남극 탐험대

1913년 11월, 이런 구인 광고가 런던 신문에 실렸습니다.

Day last. It was directed to Mr. Robert Harrison. No. 34 Baker st.
EDWARD HUGHES, 41 Fish st.

MEN WANTED

for hazardous journey, small wages, bitter cold, long months of complete darkness, constant danger. Safe return doubtful, honor and recognition in event of success.
Ernest Shackleton   4 Burlington st.

MEN — Neat-appearing young men of pleasing personality, between ages of 21 to 40 to work at leathershop com-

> **사람을 찾습니다!**
>
> 위험한 여행을 함께하실 분! 적은 보수와 혹독한 추위, 몇 달 간 이어지는 암흑과 끊임없는 위험을 감수해야 합니다. 무사 귀환을 보장할 수는 없지만, 성공 시에는 명예와 표창이 따릅니다.

내용만 보자면 아무도 지원할 것 같지 않은데, 이 광고를 보고 무려 5천 명 이상이 지원했고 그중 26명이 선발되었습니다. 그리하여 생물학자, 물리학자, 지질학자, 어부, 교수, 의사, 사진가, 조각가 등 각 분야의 전문가들로 구성된 28명이 남극으로 향했습니다. 섀클턴을 포함하면 27명이 되어야 하는데 왜 28명일까요? 이유는, 배가 출발한 후에 밀항자가 한 명 있다는 사실을 알게 되었기 때문입니다. 하지만 이미 출항을 했기 때문에 밀항자도 탐험을 함께하게 되었습니다. 그들이 타고 간 배의 이름은 공교롭게도 '인듀어런스Endurance', 즉 '인내'였습니다.

섀클턴과 27명의 대원이 탑승한 인듀어런스호는 1914년 12월 5일 남극해에 있는 사우스조지아섬을 출발해 남극 대륙으로 서서히 다가갔습니다. 그런데 날씨가 갑자기 추워져(심지어 남반구는 여름이었음에도) 바다가 꽁꽁 얼어버렸고, 1915년 1월 18일, 인듀

섀클턴 남극 탐험대

어런스호는 유빙에 갇히고 말았습니다. 그렇게 배가 전혀 움직
이지 못하는 상태로, 탐험대는 다음 봄이 올 때까지 약 10개월간
남극해를 표류했습니다.

1915년 10월, 날씨가 풀려 얼음이 녹자 그동안 얼음에 갇혀
있던 인듀어런스호는 박살이 나고 말았습니다. 배가 점차 가라
앉으니 대원들은 배에서 꼭 필요한 물품만 건져낸 후 배를 빠져
나왔습니다. 그 후 이듬해 4월 엘리펀트섬에 닿을 때까지 탐험

대는 얼음 위에서 캠핑을 하며 걷고 또 걸었는데, 그 과정에서 탐험을 위해 데려왔던 개들을 식량으로 삼기도 했습니다. 먹어야 살 수 있으니 어쩔 수 없는 선택이었죠.

드디어 1916년 4월에 탐험대는 엘리펀트섬에 상륙했습니다. 그 섬에는 펭귄이 많았습니다. 펭귄이 멀리서 보면 귀엽지만, 가까이 가보면 대변을 많이 눠서 아주 지저분하다고 합니다. 그리고 펭귄 고기는 정말 맛이 없다고 합니다. 그래서 맛없는 펭귄을 잡아먹는 천적이 없으니 남극에서 펭귄이 번식할 수 있었던 거죠. 천신만고 끝에 겨우 육지(?)에 도착했는데, 무인도에다 먹을 것이라고는 펭귄밖에 없고, 구조선이 올 가망성은 더더욱 없어 보이는 절망적인 상황에서, 섀클턴은 중대한 결심을 내렸습니다. 사우스조지아섬으로 가서 구조대를 불러오겠다는 것이었습니다. 엘리펀트섬에서 사우스조지아섬까지의 거리는 무려 1300킬로미터입니다.

섀클턴은 5명의 대원을 신중하게 선발해, 작은 조각배를 타고 사우스조지아섬으로 출발했습니다. 끔찍한 추위와 몰아치는 파도를 헤치며, 그들은 출발 16일 만에 사우스조지아섬에

도착했습니다. 그런데 그들이 도착한 곳은 섬의 왼쪽이고, 구조대는 섬의 오른쪽에 있었습니다. 그래서 섬 가운데 있는 험준한 산을 넘어 구조대가 있는 곳에 다다랐습니다. 그리고 구조대와 함께 엘리펀트섬으로 돌아가 남아 있던 대원들을 데리고 무사히 귀환했습니다. 동상에 걸려서 발을 자른 사람은 있었지만, 사망자는 단 한 명도 없었습니다.

빌햐울뮈르 스테파운손

그런데 인듀어런스호가 출발하기 1년 전, 섀클턴과 전혀 다른 행보를 보인 인물이 있었습니다. 빌햐울뮈르 스테파운손이라는 캐나다 탐험가입니다. 그는 1913년에 탐험대를 이끌고 북극 탐험에 나섰는데, 그가 탄 배 카를루크호가 섀클턴의 경우처럼 유빙에 갇히고 말았습니다. 그런데 스테파운손은 식량 조달을 위해 순록을 사냥해 오겠다는 거짓 편지를 남기고 식량과 탄약을 챙겨서 대원 4명과 함께 떠났습니다. 그리고는 다시 돌아오지 않았죠. 결국 남아 있던 대원들은 모두 사망했습니다. 섀클턴과 정반대의 결론입니다. 그래서 서양에서는 훌륭한 리더의 표본으로 섀클턴을 많이 언급합니다.

제가 섀클턴의 이야기를 꺼낸 이유는 앞서 말한 3가지 요소 때문입니다. 섀클턴에게는 그 3가지가 모두 있었습니다. 전 대원을 살려서 돌아가겠다는 강력한 동기 부여가 있었고, 전 대원을 살릴 수 있는 방법, 즉 지식이 있었습니다. 그리고 1년 8개월을 혹독한 추위와 싸울 수 있었던 참을성이 있었습니다.

82세까지 장수한 스테파운손은 후일 자서전에서 탐험 당시를 회고하며, 처음부터 혼자 살겠다고 도망갈 생각을 했던 건 아니었다고 했습니다. 다른 사람은 믿지 않을 수도 있으나 자신은 최선을 다했다고 했죠. 대원들을 살리기 위해, 식량을 조달하기 위해 최선을 다했지만, 불행히도 실패했던 것이라고 생각했습니다.

섀클턴과 스테파운손 모두 동기 부여는 높았습니다. 하지만 지식과 참을성에서 차이가 났던 거예요. 스테파운손은 '더 있으면 나도 죽겠다'라는 생각에서 행동했고, 섀클턴은 '죽을 때 죽더라도 모두 데리고 나가야 한다'는 집념으로 행동했습니다. 그래서 스테파운손의 대원들은 몇 개월 내에 모두 사망했고, 섀클턴의 대원들은 1년 8개월 동안 버티고 버텨 모두 살아남을

⟨ →

수 있었던 것입니다. 동기 부여와 지식, 참을성 가운데 가장 중
요한 것이 바로 참을성입니다. 섀클턴의 배 이름처럼요.

영화 〈인터스텔라〉는 지구가 망할 것 같으니 지구와 비슷한
다른 행성을 찾으러 떠나는 내용입니다. 지구와 비슷한 행성을
찾아 떠나는 우주선의 이름도 '인듀어런스Endurance'입니다. 예
로부터 우리나라도 그러했지만, 서양인들은 지금도 참을성이
라는 가치를 이렇게 중요하게 여깁니다.

개인이 궁극적으로 성공할 수 있는 포인트는 3가지입니다.

첫 번째, Self Motivation, **동기 부여**가 되어야 합니다.
두 번째, Ability to Solve, **지식(실력)**이 있어야 하고,
세 번째, Endurance, **참을성**이 있어야 해요.

제가 논문을 가지고 강의하는 일을 1997년부터 했는데, 사실 2016년까지는 반응이 신통치 않았습니다. 그래도 계속했습니다. 제가 좋아하는 일이었기 때문이죠. 사람은 자신이 좋아하는 주제나 일을 찾아야 동기 부여, 실력, 참을성의 3가지 요소를 갖출 수 있습니다. 힘들어도 다시 돌아갈 수 있습니다. 좋아하지 않는 일을 한다면, 어렵고 힘들 때 포기하게 됩니다.

여러분, 먼저 좋아하는 일을 찾으십시오. 그리고 그 일에 대해 스스로 동기 부여하고, 실력을 쌓고, 참을성을 갖추십시오. 백세시대입니다. 50대에 퇴직해도 살아갈 날이 아주 많이 남았습니다. 지금 말한 3가지 키워드를 꼭 기억하십시오.

TOPIC 4
사회적 증거

1

동조

1-1. 유행 따라 가는 것이 인생이지만

이번 주제에서 다룰 내용은 '사람이 얼마나 간사한가?'입니다. 사람은 스스로 판단하기보다 누가 하면 따라 하는 경우가 많습니다. 〈보그〉와 같은 유명 패션 잡지들은 연말이 되면 이런 발표를 합니다. "내년에는 이 컬러가 유행할 것입니다!" 그러면 그것이 실제로 유행이 됩니다. 〈보그〉의 직원들이 신통력이 있어서 그걸 파악하는 게 아니라, 업계의 유명인들이 모여 이야기하고 발표하면 대중은 그대로 따라가는 겁니다.

이런 습성은 사람만 그런 것이 아니라 모든 동물이 똑같습니다. 아프리카 초원을 떠올려볼까요? 동물들이 모여 유유자적 풀을 뜯고 있다가, 그중 한 마리가 뭔가에 놀랐는지 갑자기 뛰기 시작합니다. 그러면 그 옆에 있던 동물들이 놀라서 뛰고, 뒤에 있던 동물들도 덩달아 뜁니다. 수백, 수천 마리 동물들이 우르르 한 방향으로 뛰어갑니다. 왜 뛰는지 이유도 모른 채 무작정 뜁니다. 그러다가 앞에 뛰던 동물이 멈추면, 그 수많은 동물들도 같이 멈춰 섭니다.

우리나라 자영업 중에서 어떤 업종이 가장 많을까요? 여러분 머릿속에 딱 떠오르는 대로 카페와 치킨집이 가장 많습니다. 그런데 이렇게 많다는 걸 알면서도 매일 새로운 카페와 치킨집이 개업합니다. 도대체 어떻게 창업을 하게 됐을까요? 창업을 하려면 시장을 분석하고, 경쟁사를 분석하고, 상권 분석하고, SWOT를 분석하고, 수요를 예측하는 등의 접근이 반드시 필요합니다. 그런데 이 과정을 거친 후 창업하는 사람이 얼마나 될까요? 제 수업을 듣는 분들 가운데 이런 분석을 했던 사장님은 한 명도 없습니다. 상담하다 보면 대부분 "이럴 줄 몰랐어요"라고 이야기해요. 그저 많이들 하니까 따라 한 겁니다.

숙 시리즈

'숙 시리즈'라고 들어보셨습니까? 개그우먼 김숙 씨가 만든 재미있는 놀이입니다. 김숙 씨가 본인 사진을 반만 올려놓고 '반숙'이라고 설명을 달았습니다. 김숙-반숙, 라임도 딱 맞고 재미있습니다. 그걸 본 어떤 사람이 김숙 씨 얼굴을 100개 올려놓고 '백숙'이라고 했어요. 이제 어떤 일이 벌어질까요? 패턴이 형성되는 겁니다. 사람들은 '또 다른 숙은 뭐가 있을까?' 생각했고, '들숙날숙', '정숙', '노숙' 등 몇 가지 시리즈가 올라왔습니다. 그래서 김숙 씨는 '숙 시리즈 공모전'을 열고 작품(?)을 받았습니다. 그리고 그것들을 본인의 채널을 통해서 내보냈습니다.

'숙 시리즈'를 우리의 비즈니스에 대입해서 생각할 때 아주 중요한 요소들이 있습니다. 첫째, 주제가 있어야 합니다. 주제가 없으면 행동을 이어나가기 어렵습니다. 둘째, 시간이 지나도 지속적인 재미가 제공되는가를 생각해야 합니다. 의미가 없으면 오래가지 못하고, 재미가 없으면 시작하지 못합니다. 그래서 의미와 재미를 다 갖춰야 합니다.

사실 김숙 씨 입장에서 '숙 시리즈'의 의미가 그리 중요하지는 않겠죠. 개그우먼이니 재미만 있으면 됩니다. 하지만 우리는 '업의 개념'을 생각해야 합니다. 재미만 있어도 안 되고, 의미만 있어도 안 됩니다. 주제는 반드시 일관되어야 합니다. 하지만 주제만 있어서는 오래가지 못해요. 재미도 있어야 합니다. 앞서 살펴보았던 중간 불일치 가설을 떠올려봅시다. **사람은 새로운 것을 타고 들어와서 익숙한 것을 선택합니다. 새롭다는 게 재미입니다.**

1-2. 사람은 다른 사람을 따라 한다

📑 관련 논문

Opinions and social pressure

저자 Solomon E. Asch

출처 Scientific American (1955), 193(5), 31-35

솔로몬 애시의 아주 재미있는 연구를 살펴보겠습니다. 10명의 사람들을 모아놓고 막대를 하나 보여주었다가 가져갑니다. 그후 길이가 다른 막대 세 개를 보여준 다음, 처음에 본 막대와 똑같은 것을 골라달라고 요청합니다. 이때 앞 순서에 연구보조자들을 배치하고 실험대상자를 마지막에 두었습니다. 연구 보조자들끼리는 미리 입을 맞춰놨습니다.

오른쪽 그림을 볼까요? 세 막대 중 처음 본 것과 똑같은 막대는 C입니다. 실험대상자는 C가 답임을 알고 있습니다. 그런데 첫 번째 사람(연구보조자)이 A가 답이라고 했습니다. 실험대상자는 '저 사람 좀 이상하네'라고 생각할 겁니다. 그런데 두 번째,

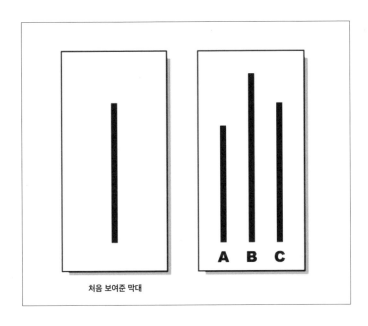

처음 보여준 막대

세 번째, 네 번째, 다섯 번째 사람도 다 A라고 하면 실험대상자
는 어떻게 답변할까요? 이런 경우 대부분 A라고 대답합니다.
아닌 게 확실해도 그렇게 대답하게 되는 거죠.

동조 연구는 아주 고전적인 연구인데, 이 연구가 시작된 것
은 히로시마 원폭 투하와 관련 있습니다. 일반적으로 히로시마
에 원자폭탄을 투하한 비행기 조종사는 죄책감에 시달리며 살

것이라고 추측됩니다. 자신이 떨어뜨린 한 발의 원자폭탄으로 얼마나 많은 사람이 죽었는지 헤아리면 밤낮으로 고통스러울 것 같죠. 그런데 실제로 그 비행기 조종사를 만나보니 행복하게 잘 살고 있더라는 겁니다. 고통받을 것 같은 사람이 잘 살고 있는데, 그 이유는 무엇일까요? 이런 의문에서 연구가 시작되었습니다.

원자폭탄을 떨어뜨린 조종사가 고통을 느끼지 않는 이유는 '동조' 때문입니다. 다른 사람들이 다 하는 걸 나도 했는데 문제될 것 있느냐는 겁니다. 지금 시대에 사람을 죽이면 사회문제가 되지만, 전쟁 중에 적군을 죽이는 건 자랑스러운 일이 됩니다. 많이 죽일수록 공이 커지죠. 누가 더 많이 죽였느냐가 중요해집니다. 그래서 그걸 확인시키려고 죽인 사람들의 코를 잘라 가지고 다니기도 했던 겁니다. 이런 일이 벌어질 수 있는 이유가 바로 동조입니다. 앞에서 일이 벌어지면 그걸 따라 하는 겁니다. 옳고 그름 따위는 존재하지 않습니다.

설득 없이 설득되는 비즈니스 독심술

몇 명이 하늘을 보면 따라 할까?

📑 관련 논문

Note on the drawing power of crowds of different size

저자 Stanley Milgram, Leonard Bickman, Lawrence Berkowitz

출처 Journal of Personality and Social Psychology (1969), 13(2), 79-82

심리학 연구에서 빼놓을 수 없는 인물이 바로 미국의 사회심리학자 스탠리 밀그램입니다. 밀그램 때문에 미국에는 이른바 '밀그램법'이 생겼습니다. 이 법을 간단히 설명하면, 밀그램과 같은 실험을 하면 안 된다는 것입니다. 이 사람은 연구를 통해 '사람에게 생각이 있는가, 사람에게 도덕성이 있는가'라는 의문을 풀어보고자 했습니다. 사람에게는 생각이나 도덕성이 없다는 게 밀그램 연구의 결과입니다.

이 책의 프롤로그에서도 잠깐 언급했는데, 밀그램은 '뉴욕 시내에서 몇 명이 하늘을 쳐다보면 사람들이 따라서 하늘을 볼까'라는 주제로 연구를 했습니다. 또, 몇 명이 무단횡단을 하면 사람들이 따라 하는지, 몇 명이 쓰레기를 길에 버리면 따라서 버리는지 실험했습니다.

　실험 결과, 평균 5회 정도의 목격이 이루어지면 그다음에는 저절로 위반이 이루어졌습니다. 밀그램의 이 연구 결과를 근거 삼아, 광고가 소비자에게 인식되기 위해 노출되어야 하는 빈도 수가 5회로 결정된 겁니다. 다섯 번 정도 유효하게 보면 그 사람 은 '증거evidence'를 목격하게 된 것이고, 따라 한다고 합니다.

이제 우리의 비즈니스로 돌아갑시다.

여러분이 하고 있는 일에서
사례, 증거를 노출하기 위해 어떤 노력을 하고 있습니까?
몇 번 노출하면 될까요?

5번입니다.

어떻게 하면 사례, 증거의 노출을 높일 수 있을지
고민해볼 시간입니다.

1-3. 증거를 제시하라

증거를 제시하면 사람들은 그 증거를 따라옵니다. 동조하게 되는 것이죠. 이와 관련된 사례와 연구들을 소개하겠습니다.

어떻게 기한 내에 세금을 납부하게 할까?

실제로 영국 국세청에서 2009년에 진행했던 프로젝트입니다. 당시 영국 국세청 통계를 살펴보면 기한 내에 세금을 납부하는 비율이 57%였다고 합니다. 43%는 체납한다는 거죠. 그런 사람들에게 연락하고 독촉장을 보내는 등의 일에는 비용이 듭니다. 그래서 기한 내 납부 비율을 높이는 방법에 대해 고민했는데, 아주 간단한 방법으로 기한 내 납부 비율을 57%에서 86%까지 올렸습니다. 어떤 방법이었을까요? 비결은 아래와 같은 짧은 문구였습니다.

'영국 국민 중 3700만 명은 기한 내에 세금을 납부했습니다. 귀하도 기한 내에 세금을 납부해주시기 바랍니다.'

설득 없이 설득되는 비즈니스 독심술

눈에 잘 띄는 곳에 이 문구를 넣은 것만으로도 기한 내 세금 납부 비율이 29%나 올라갔습니다. 이 문구를 본 사람들은 '많이들 기한 내에 세금을 낸다니, 나도 내야겠구나'라고 생각하게 되는 겁니다.

이 사례는 세금을 기한 내에 납부해야 한다는 긍정적인 메시지에 사람들이 반응한 것이죠. 그런데 긍정적인 행동과 부정적인 행동 중에 사람들은 어떤 것에 더 반응할까요? 후자입니다.

앞서 사회적 개입을 설명하면서 영국 병원 예약과 관련된 사례를 이야기했는데, 같은 논문에서 다른 사례를 하나 더 살펴보겠습니다. 영국의 병원에서 환자들에게 사전에 '진료 예약을 하고 오지 않는 환자들의 비율이 50%가 넘습니다. 병원 업무에 큰 지장이 있으니 진료 예약을 하시면 반드시 지켜주세요'라고 메시지를 보냈습니다. 그랬더니 예약 시간에 오지 않는 사람이 더 늘어났답니다. 왜 그럴까요?

이 메시지를 본 순간 사람들은 '예약 환자의 50%나 안 가고 있구나. 내가 안 간다고 큰 문제 없겠는데?'라고 생각한 겁니다.

그런데 메시지의 의도는 그게 아니었죠. 이렇게나 많은 사람들이 예약에 맞춰 병원을 방문하지 않아 업무에 지장이 크다는 걸 알리려는 의도였는데, 받아들이는 사람들은 어차피 50% 넘게 오지 않으니까 내가 안 간다고 특별히 나쁜 사람이 되는 건 아니라고 생각한 거예요.

일상에서 이런 일들이 계속 발생합니다. 조직 내에서 수수방관하거나 대충 일하는 모습이 눈에 보이면, 그다음 사람은 원래 이 조직은 그렇다고 생각합니다. 그런데, 더 놀라운 건 수수방관하거나 대충 일하는 모습이 어떻게 보이느냐고 물으면 "그건 안 좋은 거죠. 정시 출근, 정시 퇴근은 기본이잖아요. 약속은 지켜야 하는 것 아닌가요?"라고 이야기한다는 겁니다. 다 알고 있지만 선배들이 안 하고 있으면 자기도 안 하는 겁니다. 반복해서 말씀드리는데, 말은 오히려 안 좋은 쪽으로 영향을 줄 수 있습니다. 그래서 행동할 수 있도록 해주는 것이 중요합니다.

에너지 절약 연구

📑 관련 논문

The Constructive, Destructive, and Reconstructive Power of Social Norms

저자 P. Wesley Schultz, Jessica M. Nolan, Robert B. Cialdini, Noah J. Goldstein, Vladas Griskevicius

출처 Psychological Science (2007), 18(5), 429-434

가정에서 에너지 절약에 동참하는 비율을 높이기 위한 연구입니다. 에너지 절약의 중요성은 모두 인식하고 있으나, 잘 실천하지는 않는 현실이죠. 그래서 실험대상자들을 네 개의 집단으로 나누어 각 집단에 아래와 같은 이야기를 해주었습니다.

1. (환경문제를 이야기하면서) 에너지 절약이 환경문제 해결에 도움이 된다.
2. 미래 세대를 위해 에너지 절약이 필요하다.
3. 에너지 절약을 통해 비용을 절감할 수 있다.
4. 이미 주변에 많은 사람이 참여하고 있다.

첫 번째 집단에게는 정서에 호소하고, 두 번째 집단에게는 미래에 호소합니다. 세 번째 집단은 경제적인 측면에서 에너지 절약의 필요성을 들고, 네 번째 집단에게는 아주 건조하게 이미 주변에서 많이 실천하고 있다고만 이야기했습니다.

그러고 나서 이 사람들이 집에 돌아가서 에너지 절약을 얼마나 실천하는지를 조사했는데, 네 번째 집단이 에너지 절약을 실천하는 비율이 다른 세 집단의 평균보다 28% 더 높았습니다. 즉, 다른 사람이 하면 따라 한다는 겁니다.

아주 비슷한 연구가 또 있습니다. 호텔에서 투숙객이 하루에 수건을 4장씩 쓰면 물 사용량 증가 등 환경문제가 많이 발생한다고 합니다. 그래서 투숙객의 수건 재사용 비율을 높이는 게 중요합니다. 이 연구에서는 앞 실험처럼 실험대상자를 4개 집단으로 나누어 아래와 같이 이야기했습니다.

1.   환경을 보호합시다.
2.   미래 세대를 위해 자원을 아껴주십시오.
3.   호텔 환경보호에 파트너가 되어주십시오.

4. 이미 많은 고객이 참여하고 있습니다. 동참해주십시오.

이 실험에서도 네 번째 집단이 수건 재사용에 참여한 비율이 다른 집단의 평균보다 28.4% 더 높았다고 합니다.

두 연구를 종합하면, 어떤 행동을 주변 사람이 하고 있으면 적어도 28% 정도는 그 행동을 따라 동참하게 된다는 결론이 나옵니다.

거리의 악사

거리에서 음악연주나 춤, 연극 등의 공연을 하는 것을 '버스킹' 이라고 합니다. 이 버스킹 공연에서 실험을 해보았습니다. 무대 근처에 모금함을 놓아두고 조건을 두 가지로 나누었는데, 첫 번째는 미리 협의된 사람들이 공연 중에 틈틈이 모금함에 돈을 넣는 상황입니다. 두 번째는 바람잡이 없이 모금함만 두고 공연을 하는 상황입니다.

첫 번째 조건에서는 관중들이 공연을 보고 돈을 넣는 것을 목격하게 됩니다. 두 번째 조건에서는 관중이 그저 공연과 근처에 놓인 모금함만을 보게 되죠. 이 차이는 놀라운 결과를 가져왔습니다. 실험이 끝나고 모금함의 돈을 세어보니 첫 번째 상황에서 8배나 더 많은 돈이 모금된 것입니다.

더 놀라운 건, 바람잡이가 있는 실험에서 돈을 낸 사람들에게 왜 돈을 냈는지 물어봤을 때 돌아온 대답입니다. "다른 사람들이 돈을 내니 나도 냈다"고 답한 사람은 단 한 명도 없었습니다. 다들 "공연이 훌륭했다", "기분이 좋았다", "내가 원래 기부를 종종 한다" 등의 대답이 나왔습니다. 그러나 바람잡이가 있든 없든 두 조건에서 공연은 똑같았고, 관중들도 비슷한 성향이었습니다. 단지 두 상황의 차이는 눈앞에서 돈 내는 것을 목격하느냐, 못 보느냐입니다. 이 차이로 결과는 8배 차이가 생기는 겁니다.

여기에서 생각할 수 있는 건, 소비자들이 하는 말을 전부 다 믿을 수는 없다는 것입니다. 소비자들의 말보다 행동이 훨씬 더 중요합니다. 그 어떤 말로 소비자를 설득하는 것보다 행동규칙을 만드는 것이 강력합니다.

버스킹 실험에서 사람들은 자기가 돈을 내는 진짜 이유를 잘 모르고 있었습니다. 조직의 리더들은 이 점을 꼭 염두에 두어야 합니다. 조직을 이끌어나갈 때 말로 설득하는 것의 비효율성에 대해 인식해야 합니다. 중요한 건 **원인과 결과의 관계를 살펴보는 것입니다.**

지금 이 책을 통해 저는 설득하지 않고 설득하는
4가지 방법을 이야기하고 있습니다.
예외 없이 벌어지는 일들만 이야기하고 있습니다.

첫 번째, 논리 같은 건 중요하지 않습니다.
선호도를 만드는 방법 7가지를 말씀드렸습니다.
두 번째, **행동 점화**, 행동하면 따라간다는 것입니다.
이때 아주 중요한 것이 초기 개입입니다.
세 번째, 지금 이야기하고 있습니다.
바로 '**증거를 보여주라**'는 것입니다.

비즈니스에 성공하고 싶다면
소비자를 대상으로 증거를 보여주세요.
그래서 마니아가 생기면 게임 끝입니다.
마니아가 없으면, 그 사업은 힘든 길로 갑니다.

거리에 지나가는 100만 명에게 아무리 소리쳐봐야
소용없습니다.

사람은 타인의 열망을 열망합니다.
사람은 자기가 좋아하는 것을 좇아가는 게 아니라
남이 좇아가는 것을 좋아합니다.

그래서 여러분의 비즈니스를
더 탄탄하게, 더 크게 키우고 싶다면
먼저 마니아를 확보하고,
마니아들과 함께 증거를 만들어가야 합니다.

준거 추종 성향

증거를 보여주고 그 효과가 전파되려면 얼마나 많은 마니아를 확보해야 될까요? 30팀입니다. 수학에 '분포'라는 용어가 있습니다. Z분포와 T분포가 있는데, Z분포는 전체 모집단과 분포가 같은 걸 말하고, T분포는 Z분포와 유사하다고 보이는 소규모 분포를 말합니다. 대입 수학능력 시험 성적표를 보면 '표준점수'라는 항목이 있습니다. 표준점수로 바꾸는 값을 원래는 Z점수라고 하는데, 수능에서는 T점수라고 합니다. 그래서 표준화된 점수를 만든 것이 표준 점수인데, 표준화가 이루어지려면 최소 샘플 단위가 30샘플입니다.

이런 걸 '중심 극한 정리'라고 합니다. 중심과 그 끝에 대한 분포에 관한 일반 정리라는 뜻입니다. 중심 극한 정리에 따르면 최소한의 샘플 사이즈는 30입니다. 하나의 주제에 대해 30명에게는 물어봐야 한다는 겁니다. 30명 정도 조사를 하면 시장에서 벌어질 수 있는 온갖 이야기는 다 들어볼 수 있습니다. 이 30명이 전체 시장을 대변할 수 있다는 것입니다.

인터넷에 수많은 광고들이 있습니다. 페이스북을 보면 '좋아요'를 몇만 개나 받은 엄청난 게시물들이 많습니다. 사람들은 이 숫자를 보는 순간 '와, 대박인데?' 이런 생각을 하게 되고, 그래서 따라 들어가보게 됩니다. '좋아요' 숫자만 보고 대세라고 생각합니다. 증거를 좇아가는 게 이렇게 강력합니다. 물론 착한 의도로 증거를 사용할 수도 있지만, 의도가 나쁜 사람도 증거를 쓸 수 있습니다. 여기에서 온갖 사기가 다 벌어집니다. 증거를 제공하면 사람들은 좇아 들어가게 되니까요.

간혹 '이게 말이 되나?' 싶은 광고들도 많습니다. 뿌리기만 하면 머리가 나고, 몇 번만 사용하면 온갖 잡티가 사라진다는 화장품, 욕실에 발라두기만 하면 묵은때가 싹 지워진다는 세제들…… 상식적으로 말이 되지 않는 건데, 사람들은 그런 것들을 보고 따라갑니다. 그곳에 옳고 그름은 존재하지 않습니다. 선택을 유도하는 가장 강력한 요소에 논리는 없고 감성만 있습니다. 그리고 그 감성을 자극하는 아주 결정적인 요소가 바로 사람은 눈앞에서 벌어지는 일에서 벗어날 수가 없다는 사실입니다. 그래서 사기를 치는 사람은 이런 증거를 계속 보여주고, 사기를 당하는 사람은 눈앞에서 벌어지는 증거를 보며 꼼짝 못하고 따라들어가는 겁니다.

이런 일이 벌어지는 이유는 뭘까요? 사람에게는 '준거 추종 성향'이 있기 때문입니다. 스스로 판단하지 못하기 때문에 앞에서 벌어진 일을 기준 삼아서 판단하는 겁니다. 저희 어머니가 79세에 돌아가셨는데, 조문객들이 저에게 "어머님께서 일찍 돌아가셨네요"라고 이야기하더군요. 그 와중에 저는 '옛날에는 환갑만 넘어도 오래 살았다고 했는데, 79세면 일찍 돌아가신 게 맞나?'라는 생각이 들었습니다.

환갑을 넘기기도 어려웠던 때를 생각하면 79세에 돌아가신 건 장수하신 거라고 볼 수 있죠. 그런데 요즘은 '백세시대'라고들 하고 아흔 넘으신 어르신도 아주 많으니, 79세면 일찍 돌아가셨다는 것도 맞는 말입니다. 이렇듯 사람의 판단은 앞에서 무엇을 봤느냐에 따라 달라집니다. 90세에 돌아가셨어도 주변에 100세, 110세까지 살아 계신 어르신들이 있다면 "아직 젊으신데 일찍 돌아가셨네"라는 말이 나올 법하겠죠. 이처럼 사람의 판단은 전부 상대적인 겁니다. 그리고 그 상대성의 기준이 바로 '앞에서 본 것'입니다.

오류 회피 성향

사람들이 앞에서 본 것을 따라가는 이유 두 번째는 '오류 회피 성향' 때문입니다. 사람들은 "나는 옳은 사람이야. 내 생각은 틀리지 않았어"라는 걸 증명하고 싶어 합니다. 그래서 술에 취한 채 상대방의 말은 안 듣고 자기 이야기만 할 때 단골 주제가 '자신이 얼마나 정당한 일을 하고 있는가'입니다. 누군가와 싸움을 할 때면 자신의 말이 더 맞다면서 목소리를 높이죠. 내가 옳다는 것을 지속적으로 보여주려고 노력합니다.

그러면, 어떻게 했을 때 내가 옳은 사람이 될까요? 바로 다수의 편에 서는 겁니다. 다수의 편에 서 있으면 자연히 옳은 사람이 되고, 소수의 편에 들어가면 옳지 않은 게 됩니다.

그래서 사람은 무리에 있음으로 해서 내가 올바른 의사결정을 하고 있다고 생각하는 '자기 긍정 성향'을 갖습니다. 올바른 의사결정을 하기 위해서 사회적 증거를 따르려고 합니다. 그러니 여러분이 새로운 비즈니스를 하려면 여러분의 고객에게 증거를 보여주어야 하는 겁니다.

1-4. 증거를 강화하는 조건들

증거가 강화되는 조건

그러면 어떤 조건에서 증거를 따르는 성향이 강화될 수 있을까요? 어떤 조건을 갖추었을 때 더 많은 사람들이 반응할까요? 첫 번째는 **롤모델**입니다. 예전에는 사람들이 하얀색 패딩을 잘 입지 않았습니다. 쉽게 더러워지고 관리가 까다로우니까요. 그런데 박보검 씨나 수지 씨가 하얀 롱패딩을 입고 광고에 출연하니 반응이 폭발적이었습니다. 롤모델이 입으면 따라 하고 싶어지는 거죠. 방탄소년단이 한복을 입고 공연을 하면 대통령이 한복 입었을 때와는 비교할 수 없을 정도로 엄청난 파급 효과를 낳습니다.

두 번째, **사실에 근거를 두어야 합니다.** 이게 정말 중요합니다. 사기를 치는 사람들도 롤모델을 쓰고 증거도 보여주지만, 그들은 사실이 아닌 것을 이야기하죠. 롤모델, 증거가 다 있어도 사실이 아니라면 그건 사기인 겁니다.

변화를 보여주자

시장은 변화에 매우 민감하게 반응합니다. 예를 들어 목표를 이야기할 때 '시장점유율 30%'보다 '전년 대비 16% 성장'이라고 이야기하는 것이 훨씬 더 강력하게 다가옵니다. 16%라는 변화량이 제공되기 때문에 그렇습니다. '시장 1등'이라는 말도 중요하지만, 4등에서 3등 되는 데 6개월, 3등에서 2등 되는 데 6개월, 2등에서 1등 되는 데 3개월… 이런 식으로 변화량을 보여주면 사람들은 훨씬 더 민감해집니다. 그래서 마케팅 메시지를 잘 쓰는 사람들은 메시지에서 변화량을 보여줍니다.

페이스북, 트위터 등에서 사람들이 많이 빠져나가고 있습니다. 우리나라도 페이스북 이용자가 전년 대비 11% 줄었다고 합니다. 11%라는 숫자의 크고 작음이 문제가 아니라, 이처럼 몇 년간 지속해서 사용자가 줄어들면 사람들이 변화를 느끼게 됩니다. 그렇게 느낀 변화량이 증거가 되는 겁니다. 남들이 페이스북을 하니 나도 가입해서 글을 올리게 되었고, 남들이 점점 안 하니 나도 안 하게 되죠. 이런 과정으로 트위터와 페이스북 사용자가 점점 줄어들고, 변화량이 감지되면 어느 순간 확 떨어지게 됩니다. 오래전 많은 이들이 열광했던 싸이월드의 미니

홈피처럼요.

유사성 편승 효과

유사성 편승 효과는 나와 비슷한 사람이 보여주는 증거에 더 많이 반응한다는 것입니다. 내가 부산 사람인데 "부산 사람은 이 제품만 먹어요"라는 말을 들으면 자연스레 '이 제품'을 선택하게 되는 거예요. 어느 30대 여성이 화장품을 사러 갔는데, 점원이 "이것이 요즈음 30대 여성 고객들에게 가장 인기 있는 브랜드입니다"라고 한다면 나도 모르게 그 브랜드에 손이 갈 겁니다.

그런데 더 놀라운 건 여기서도 부정 메시지의 효과가 더 크다는 겁니다. 병원 진료 예약 실험에서 보셨듯이, '진료 예약을 하고 오지 않는 환자들의 비율이 50%가 넘습니다'라는 메시지를 보는 순간, 더 많은 환자들이 진료에 오지 않습니다. 나 말고도 많은 사람이 오지 않는다는 증거를 봤기 때문에 그렇습니다.

이처럼 '사회적 증거'는 비즈니스에서 매우 유용하게 사용될

수 있습니다. 여러분의 사업에 맞춰 어떤 마니아층을 선택해서
어떤 증거를 전달할지, 계획을 세워보시기 바랍니다.

2

네거티브의 효과

2-1. 증거의 부정적 사용 효과

사람이 눈으로 어떤 결과를 목격했을 때, 다시 말해 증거를 보았을 때의 효과에 대해 이야기했습니다. 그런데 정말 깜짝 놀랄만한 내용이 지금부터 나옵니다. 증거를 사용할 때, 그 증거를 부정적으로 사용하면 그 효과가 더 커질 수 있습니다.

쓰레기를 버릴까?

📑 관련 논문

The Spreading of Disorder

저자 Kees Keizer, Siegwart Lindenberg, Linda Steg

출처 Science (2008), 322(5908), 1681-1685

네덜란드 흐로닝언 대학교의 케이스 케이저르라는 연구자의 연구를 살펴보겠습니다. 네덜란드 사람들은 이동할 때 자전거를 즐겨 이용합니다. 가게에 볼일이 있으면 가게 앞에 자전거를 세워두고 들어가죠.

실험에서는 이렇게 가게 앞에 세워져 있는 자전거에 전단지를 붙여놓았습니다. 볼일을 마치고 나왔는데 자전거에 전단지가 붙어 있으면 일단은 전단지를 떼어내겠죠? 그다음에 떼어낸 전단지를 바로 바닥에 버릴 수도 있고, 잠깐 머뭇거리다 버릴 수도 있고, 주머니나 가방에 넣어 가져갈 수도 있습니다.

실험은 두 가지 조건으로 진행되었습니다. 같은 장소에서 4주간 실험을 했는데, 첫째, 셋째 주에는 자전거가 세워진 가게 주변을 지저분하게 해놓았고, 둘째, 넷째 주에는 주변을 깨끗하게 해놓았습니다. 이렇게 다른 환경에서 사람들이 전단지를 바닥에 버리는 비율을 각각 측정했습니다.

33% 대 69%

주변이 깨끗할 때는 실험대상자의 33%가 자전거에 붙어 있던 전단지를 바닥에 버렸고, 주변이 지저분할 때는 69%가 버렸습니다. 주변 환경에 따라 2배 이상 차이가 나는 거죠.

이 연구는 '깨진 유리창의 법칙'을 뒷받침하고 있습니다. 사소한 문제점이 발견되면 그다음 행동은 그 사소한 문제점을 따라간다는 것입니다. 부정적인 증거가 목격되었기 때문이죠. 이 연구에서도 사람들이 지저분한 환경에서는 전단지를 버려도 된다고 생각했기 때문에 이와 같은 결과가 나온 것입니다.

그냥 지나갈까?

　이번에는 조금 더 복잡하게 실험을 준비했습니다. 주차장 출입구를 막고 출입금지 안내판을 붙여놓았습니다. 그런데 사진에서 보듯 문을 조금 열려 있네요. 출입금지인데 문이 열려 있

←→

으면 누구나 내적 갈등을 겪게 될 겁니다.

여기에 또 하나의 상황을 추가했습니다. 자전거를 세워두지 말라는 경고 문구가 있는데 자전거를 세워두었습니다. 규칙 위반의 상황을 설정한 것이죠. 그런데 이 자전거에도 조건을 달리했습니다. 자전거를 그냥 세워둔 경우와 자물쇠를 채워놓은 경우입니다. 자물쇠를 채워놓는 것은 더 심한 위반이죠. 자전거를 세우지 말라고 했는데 세워두었을 뿐 아니라, 그 자전거를 처리하지도 못하도록 자물쇠까지 채운 겁니다.

이런 두 가지 상황에서, 출입금지 안내판이 붙어 있는 주차장 출입구를 드나드는 비율을 측정해보았습니다.

27% 대 82%

자전거가 그냥 세워져 있는 사소한 위반의 상황에서는 30% 정도가 금지된 출입구로 드나들었습니다. 그런데 자전거에 자물쇠까지 채워진 확실한 위반 상황이 벌어지면 82%가 금지된 출입구를 이용했습니다. 증거를 목격하는 순간, '출입금지'나 '자전거 세우지 마시오'와 같은 메시지는 하나도 남지 않습니다. 목격한 증거를 따라가는 겁니다. 다른 사람이 위반한 것을 보았으니 나도 위반하는 거죠.

　다른 실험에서도 결과는 비슷합니다. 마트 주차장에 주차된 자동차 앞 유리에 전단지를 꽂아났습니다. 그리고 쇼핑카트가 깨끗하게 정리된 환경과 쇼핑카트가 무질서하게 세워져 있는 환경을 만들어두었습니다. 깨끗하게 정리된 환경에서는 23%가 전단지를 바닥에 버렸지만, 무질서한 환경에서는 77%가 바닥에 전단지를 버렸습니다.

범죄의 영역에서는 다를까?

앞의 실험에서 연구한 행동들은 대체로 도덕의 영역이었습니다.

쓰레기를 바닥에 버리거나 출입금지 안내판이 있는 출입문으로 드나드는 것은 나쁜 행동이지만, 법을 위반하는 행위는 아닙니다. 그런데 이번에는 범법의 영역에 들어가는 실험을 했습니다.

소인이 찍히고 주소가 적힌 우편물이 우체통에 절반 정도 걸쳐져 있습니다. 그런데 그 안에 5유로짜리 지폐가 들어 있는 것이 훤히 보이는 상황입니다. 보통의 상황이라면 우체통에 걸려 있는 우편물을 안으로 밀어 넣을 텐데, 돈이 보이니 가져가고 싶은 마음이 들 수도 있겠죠. 그러나 우편물을 가져가는 것은 범죄입니다.

이때 우체통 주변을 깨끗하게 만들어놓은 경우와 지저분하게 만들어놓은 경우, 이 두 가지 조건에서 우편물을 가져가는 사람의 비율을 측정했습니다.

결론은 어떨까요? 주변이 깨끗한 경우에는 실험대상자의 13%가 우편물을 가져갔고, 주변이 지저분할 때는 25%가 가져갔습니다. 환경이 지저분하면 남의 우편물이나 돈에 손을 대는 비율이 2배가량 증가하는 겁니다.

2-2. 해결 방법

사람들은 환경에 따라서 쓰레기를 더 많이 버리기도 하고, 사소한 규칙 위반을 스스럼없이 하기도 합니다. 심지어 환경이 지저분하면 범죄 행위도 더 많이 저지릅니다. 그러면 어떻게 이런 문제들을 해결할 수 있을까요? 이 문제를 해결하는 방법도 역시 '증거'입니다. 사람은 눈으로 봐야만 좇아갑니다. "얘야, 청소 좀 해라!"라는 말이 아니라 부모님이 청소하는 모습을 보여주면 자녀는 부모를 따라 하게 됩니다. "책 좀 읽어!" 대신에 부모님이 책 읽는 모습을 보여주면 자녀 역시 독서를 할 겁니다.

34% 대 4%

한 가지 실험을 보겠습니다. 지나가던 사람들에게 전단지를 나눠준 후 사람들이 그것을 버리는 비율을 측정했는데, 조건은 두 가지입니다. 그냥 나눠주기만 했을 때와 버려진 전단지를 누군가 줍고 있을 때, 사람들의 반응은 어떻게 달라질까요?

그냥 나눠주기만 한 조건에서는 34%가 전단지를 바닥에 버립니다. 그런데 전단지를 줍는 사람의 모습이 보이면 4%만 버린다는 겁니다. 누군가 깨끗하게 치우고 있는 걸 보면 심적으로 부담이 생겨서 더럽히는 행동을 하지 않는 것이죠. 그러니까 말로 깨끗하게 하라고 하는 건 의미가 없습니다. 깨끗해지는 행동을 경험하도록 하는 게 중요합니다.

이미 깨끗해진 상황을 보는 것보다 규범을 존중하고 지키는 다른 사람의 행동을 목격하는 것이 더 중요합니다. 정돈된 환경에 사람들이 들어오는 것과 질서가 복구되는 것을 직접 목격하는 것의 차이는 큽니다. 깨끗해지는 것을 직접 목격하게 해야 행동이 개선됩니다.

눈앞에서 긍정적인 행동이 이루어지는 것을
목격하게 하세요.

그리고 그 행동으로 들어가는 계획을 세우고,
실행 계획을 세워 실천하게 하고,
피드백하고
작은 칭찬을 해주세요.

그리고 그다음 목표를 세워주세요.

이 과정이 매우 중요합니다.

3

상호작용 효과

3-1. 작은 선물 효과 1

〈We Are The World〉라는 노래를 아시나요? 1984년 아프리카 동부에 있는 에티오피아에 대기근이 닥쳐 수많은 사람들이 목숨을 잃자, 미국의 유명 뮤지션들이 구호 기금 마련을 위해 한데 모였습니다. 마이클 잭슨, 스티비 원더, 밥 딜런, 빌리 조엘 등 최고의 가수들이 한목소리로 부른 노래가 바로 〈We Are The World〉였지요. 이 노래가 수록된 싱글 음반은 1985년 3월 발매되자마자 엄청나게 팔렸고, 그 수익금으로 에티오피아에 큰 도움을 줄 수 있었습니다. 그런데, 대기근으로 큰 어려움을 겪고 있던 에티오피아 사람들이 1985년 9월 멕시코에서 대지진이 일어나자, 구호 기금으로 5천 달러를 보냈다고 합니다. 자신들이 살기에도 힘든 상황인데, 무슨 이유로 멕시코에 구호 기금을 보냈던 것일까요?

1935년 이탈리아의 무솔리니가 에티오피아를 침공했을 때, 멕시코는 이탈리아의 지배를 끝까지 인정하지 않으면서 에티오피아에 작은 규모의 비용을 지원했습니다. 50년이 지나 멕시코가 큰 어려움에 처하자, 에티오피아인들은 '우리도 힘들지만 도움을 받았으니 돕는다'라며 멕시코에 지원을 해준 겁니다. 이것이 바로 상호작용입니다.

미국 상이군인회에서 전쟁 중 부상을 입은 군인들을 위한 모금 활동의 일환으로 기부금을 요청하는 우편물을 보냅니다. 이때, 그냥 우편물만 보내면 받는 사람의 18%가 기부를 하는데, 우편물에 작은 선물을 함께 보내면 35%가 기부금을 낸다고 합니다. '내가 받았으니 나도 주겠다'는 상호작용이 일어난 겁니다.

그런데 여기서 아주 중요한 포인트가 있습니다. 사람들이 예상할 수 있는 것을 선물로 주면 아무런 효과가 없습니다. 이런 걸 바로 '작은 선물 효과'라고 합니다. 작은 선물이 효과를 거두려면 '예상'을 깨야 합니다. 받는 사람이 전혀 예상하지 못한 순간에, 전혀 예상하지 못한 선물을 받으면 아주 작은 것이라 할지라도 효과가 매우 좋습니다.

작은 호의, 큰 결과

💬 관련 논문

Effects of a favor and liking on compliance

저자 Dennis T. Regan

출처 Journal of Experimental Social Psychology (1971), 7(6), 627-639

코넬 대학교의 리건 교수가 1971년에 진행한 실험입니다. 대학 신입생 77명을 대상으로 실험을 했습니다. 실험대상자와 연구 보조자 각 한 명씩 두 명만 어느 방 안에 있다가, 연구보조자가 잠시 나갔다 옵니다. 방으로 돌아온 연구보조자의 손에는 음료 수 두 개가 들려 있고, 그중 하나를 실험대상자에게 건네면서 "내 음료 사면서 네 것도 샀어"라고 퉁명스레 이야기합니다.

음료를 받은 실험대상자는 이런 상황을 예측했을까요? 전혀 예측하지 못했을 겁니다. 음료 하나를 받는 순간, 실험대상자 의 마음속에는 여러 가지 생각이 돌아갑니다. '나는 저 친구를 데면데면 대했는데, 나를 친구로 생각했나? 나는 저 친구에게 이런 것을 줄 생각은 전혀 못했는데…' 등등 온갖 생각이 들겠죠. 그러면 그 생각이 결국 마음의 빚이 됩니다. 그러니까 작은 선물의 효과는 마음의 빚입니다.

이렇게 실험대상자의 마음에 빚이 생겼는데, 연구보조자가 이번에는 '내 모교에 새 체육관을 짓기 위한 기금 마련 복권을 내가 팔고 있는데, 좀 도와줄 수 있니?'라고 적힌 쪽지를 실험 대상자에게 건네고 나갑니다. 과연 몇 명이나 복권을 구매했을 까요?

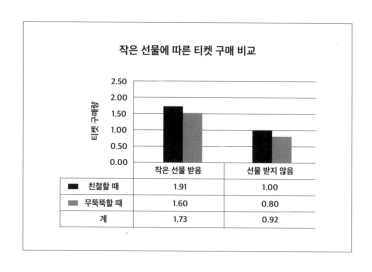

작은 선물에 따른 티켓 구매 비교

	작은 선물 받음	선물 받지 않음
친절할 때	1.91	1.00
무뚝뚝할 때	1.60	0.80
계	1.73	0.92

그래프에서 왼쪽이 음료를 받은 경우, 오른쪽이 음료를 안 받은 경우입니다. 차이가 확연히 드러나죠. 그런데 작은 선물(이 실험에서는 음료)을 건넬 때 친절하게 이야기하거나 무뚝뚝하게 이 야기하거나 효과는 비슷합니다. 친절의 정도가 중요한 게 아니라, 무뚝뚝하게 주더라도 '저 사람이 나를 생각하고 있었네?'라는 생각이 들면 반응하게 된다는 겁니다.

포스트잇 효과

📑 관련 논문

Post-It® Note Persuasion: A Sticky Influence

저자 Randy Garner

출처 Journal of Consumer Psychology (2005), 15(3), 230-237

일명 '포스트잇 효과'를 설명하는 연구입니다. 포스트잇에 손 글씨로 몇 글자만 적어도 상대방이 내 요청을 들어줄 확률이 높아진다는 내용입니다.

누가 봐도 어렵고 복잡한 설문지가 있습니다. 첫 번째 집단에게는 '몇 분만 시간 내서 설문 작성 부탁드립니다. 고맙습니다!'라고 손글씨로 쓴 포스트잇을 설문지에 붙여서 주었습니다. 두 번째 집단에게는 같은 내용을 설문지 표지에 써서 주었습니다. 세 번째 집단에게는 부탁 메시지 없이 그냥 설문지만 주었습니다.

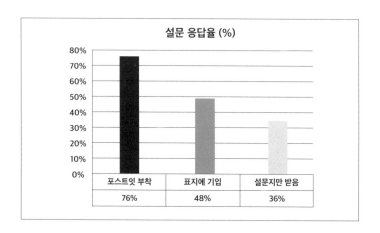

포스트잇이 붙어 있는 설문지를 받은 집단은 76%가 설문에 응했습니다. 설문지 표지에 메모가 적혀 있던 집단은 48%, 그냥 설문지만 받은 집단은 36%가 설문에 응해주었습니다. 이렇

설득 없이 설득되는 비즈니스 독심술

게 큰 차이가 나는 이유가 무엇일까요? 부탁 메시지가 적힌 포스트잇을 보는 것만으로도 설문지에 대한 주목도가 올라가고 응해주고 싶은 마음이 생기는 것입니다.

정성을 담은 포스트잇

포스트잇의 효과에 대한 이어지는 연구입니다. 180명의 실험 대상자를 두 집단으로 나누어, 한 집단에게는 5페이지짜리 간단한 설문지를 주고, 다른 집단에게는 24페이지짜리 길고 복잡한 설문지를 주었습니다. 이때 각 집단에 배포한 설문지의 조건을 달리해보았습니다. ① 포스트잇에 '잠시만 시간 내서 설문 작성 부탁드리겠습니다'라고 써서 붙인 설문지, ② 받는 사람의 이름과 부탁 및 감사의 말, 그리고 연구자의 이름을 포스트잇에 써서 붙인 설문지, ③ 포스트잇도, 메시지도 없는 설문지, 이렇게 3가지 버전으로 나누었습니다. 그러니까 설문지는 총 6종류가 된 셈이네요. 이렇게 설문지를 배포한 후 회수 비율을 알아보았습니다.

결과를 살펴볼까요? 일반적인 부탁 메시지가 쓰인 포스트잇

포스트잇 메시지 종류와 설문지 분량에 따른 회수 비율 조사

설문지 종류	일반 메시지 포스트잇	개별 메시지 포스트잇	포스트잇 없음	총합
24쪽 설문지	12(40%)a	20(67%)b	4(13%)c	36
5쪽 설문지	21(70%)b	23(77%)b	10(33%)a,c	54

이 붙어 있던 설문지의 경우, 설문지 분량에 따라 회수율이 꽤 차이가 났습니다. 5쪽 설문지를 받은 사람은 70%가 설문을 작성해준 데 반해, 24쪽 설문지를 받은 사람들은 40%만 작성해주었습니다.

그런데 눈여겨볼 결과는 지금부터입니다. 포스트잇에 받는 사람 이름과 부탁 메시지, 연구자 이름이 적힌 설문지를 받은 사람들은 일반적인 포스트잇 설문지를 받은 사람들보다 더 많이 설문에 응해주었습니다. 게다가 5쪽 설문지는 77%, 24쪽 설문지는 67%나 회수되었습니다. 즉, 개인적인 메시지를 본 사람들은 설문지 분량이 길더라도 기꺼이 설문에 응했던 것입니다.

설문지를 그냥 주었을 때보다는 표지에 메시지를 적어서 주었을 때, 표지보다는 포스트잇에 써서 설문지에 붙여 주었을 때, 일반적인 부탁 메시지보다는 이름과 감사의 말이 적힌 개별적인 포스트잇을 보았을 때 더 큰 효과가 있었습니다. 부탁하는 사람이 나를 생각해준다는 느낌이 들면 반응하게 되는 것입니다. 이것이 바로 '상호성'입니다.

TOPIC 4. 사회적 증거

마음의 작은 빚 1.

사람은 빚지는 것을 싫어하기 때문에
보이지 않는 마음의 빚일지언정 갚으려고 합니다.
나의 작은 선물이 만들어낸 마음의 빚은
상대방의 반응을 이끌어냅니다.

작은 선물로 상호작용을 시도해보세요.

단, 선물은 예상하지 못한 순간에,
예상하지 못한 것으로
제공되어야 합니다.
예상이 가능하다면 효과가 없습니다.

3-2. 작은 선물 효과 2

서비스와 팁의 관계

📑 관련 논문

Beyond gratitude and gratuity: A meta-analytic review of the predictors of restaurant tipping

저자 Michael Lynn, Michael McCall

출처 from Cornell University, SHA School site: http://scholarship.sha.cornell.edu/ workingpapers/21

예상하지 못한 순간에 받은 작은 선물, 호의, 서비스는 팁에도 여실히 영향을 미칩니다. 팁과 관련된 여러 연구를 종합해서 발표한 논문을 살펴보겠습니다. 결론부터 말하자면, 예상하지 못한 서비스를 받으면 팁 금액이 올라간다는 것입니다.

음식을 주문할 때 내가 주문한 내용을 점원이 다시 말해주는 것만으로도 기분이 좋아집니다. "햄버거 두 개, 콜라 두 잔, 샐러드 하나 주세요"라고 주문했을 때, "네, 알겠습니다"라고 하는 직원이 있고, "네, 햄버거 두 개, 콜라 두 잔, 샐러드 하나 맞으시죠?"라며 내 주문을 확인하는 직원이 있습니다. 이렇게 주문을 다시 확인해주기만 해도 손님들은 기분이 좋아지고 자연스레 직원에게 주는 팁 액수가 올라갑니다.

직원들이 아주 사소한 서비스, 예를 들어 아이에게 껌이나 사탕 등 작은 선물을 주거나, 손님의 말을 그대로 따라 하거나, 활짝 웃으며 인사를 잘하는 것만으로도 그 가게의 만족도를 높일 수 있다는 겁니다.

흔히 사업이 어렵다고 하죠. 제품이나 서비스의 차별화는 점점 더 힘들어지고 있습니다. 사업의 성패를 결정하는 중요한 요소는 고객과 내가 공유하는 친밀감입니다. 그리고 이런 친밀감은 아주 사소한 것에서부터 시작됩니다.

껌 파는 할머니

지금 식당에 껌을 파는 할머니가 들어왔습니다. 이 할머니는 한 가게당 1000원짜리 껌을 2개씩 팔고 있습니다. 그런데 할머니는 가게당 4개씩 파는 것, 즉 매출을 2배로 높이는 것을 목표로 삼고 있습니다. 어떻게 하면 목표를 달성할 수 있을까요?

상호작용은 기본적으로 '저 사람이 내게 하나 줬으니 나도 하나 줘야지'라는 의미이지만, 긍정적인 행동을 보면 긍정적인 행동으로 반응하고, 부정적인 행동을 보면 부정적인 행동으로 반응한다는 의미도 있습니다. 이런 심리적인 행동은 그 내용이 긍정적이든 부정적이든 차이가 없습니다. 내가 다가가면 너도 다가오고, 내가 물러서면 너도 물러서는 것이 상호작용입니다.

그러면 이 할머니는 어떤 방식을 써야 할까요? '2보 전진을 위한 1보 후퇴 전략'이 좋겠습니다. 가게에 들어가자마자 손님에게 1만 원짜리 초콜릿을 내미는 겁니다. 그러면 사람들이 '아니, 무슨 1만 원짜리 초콜릿을 팔아?'라고 생각하며 사지 않겠지요. 그때 할머니가 "그럼 여기 1000원짜리 껌이라도 하나 사주세요"라고 말하는 겁니다. 이 말인즉슨 '내가 1만 원짜리 초콜릿을 사라는 터무니없는 제안을 철회할 테니, 손님도 내 물건을 사지 않겠다는 냉정한 의사를 철회하세요'가 되는 겁니다. 이러면 1000원짜리 껌을 사는 비율이 2배 이상 높아집니다.

껌 파는 할머니의 사례로 이야기했지만, 이 전략을 잘 활용하던 사람이 바로 트럼프 미국 대통령입니다. 대놓고 '협상의 기술'이라고 이야기하면서 극악무도한 제안을 던집니다. 그러고는 "이 제안은 좀 어렵나? 그럼 내가 좀 양보하지"라며 한발 물러서는 행동을 취하는데, 그렇게 해서 양보한 것처럼 보이지만 실은 기존에 비해 월등히 높은 겁니다. 한국산 자동차에 25%의 관세를 매기려고 하자, 한국 자동차 회사들이 관세가 너무 높은 것 아니냐고 항의합니다. 그러면 트럼프 대통령은 "알았어. 그럼 50% 깎아줄게!" 이렇게 나오는 겁니다. 그러면 관세율이 12% 정도로 낮아졌으니 성공적으로 보이지만, 실제로는 엄청나게 오른 셈입니다.

이게 바로 '2보 전진을 위한 1보 후퇴 전략'입니다. 그런데 이 전략을 사용하기 위해서 반드시 가지고 있어야 할 것이 있습니다. 바로 **'핵심경쟁력'**입니다. 비즈니스를 하려면 첫 번째 요

설득 없이 설득되는 비즈니스 독심술

건이 바로 핵심경쟁력입니다.

거절과 여지

📳 관련 논문

Reciprocal concessions procedure for inducing compliance: The door-in-the-face technique

저자 Robert B. Cialdini, Joyce E. Vincent, Stephen K. Lewis, José Catalan, Diane Wheeler, Betty Lee Darby

출처 Journal of Personality and Social Psychology (1975), 31(2), 206-215

누군가에게 제안을 할 때, 바로 내용을 말하는 게 좋을까요? 아니면 거절할 만한 제안을 먼저 한 후 수위를 낮춰 다시 제안하는 게 좋을까요? 거절과 여지에 관한 연구를 살펴보겠습니다. '여지'는 거절 후에 선택할 만한 것을 남겨둔다는 것이죠.

자원봉사 제안에 대한 승낙율을 높이고 싶은데, 어떤 방법을 쓰면 좋을까요? 2~3일 전에 어려운 사람을 돕는 일의 중요성에 대해서 미리 물어봅니다. 작은 동의를 구하는 겁니다. '장애인을 돕는 일은 중요한가요?'라고 물으면 대부분 그렇다고 할 겁니다. 그러고 나서 2~3일 뒤에 중증장애환자를 2개월 동안 돕는 프로그램에 가자고 제안합니다. 아무리 장애인을 돕는 것이 중요해도 2개월 동안 자원봉사를 하는 건 거의 불가능한 일이죠. 그때 '그러면 하루만이라도 가자'라고 이야기하는 겁니다. 그럼 '하루 정도는 괜찮지'라고 생각하게 되고 요청에 응하는

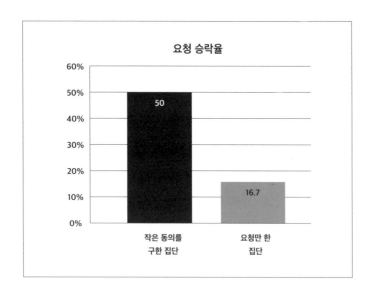

⟵→

설득 없이 설득되는 비즈니스 독심술

비율이 높아집니다. 먼저 명분을 주고, 작은 동의를 유도하고, 불가능해 보이는 제안을 한 후, 거절하면 제안의 수위를 낮추는 겁니다.

결과 그래프를 보면 높은 수위의 제안을 했다가 낮은 수위로 제안을 낮추면 50%가 동의하는데, 처음부터 제안만 하면 승낙율은 16.7%에 그칩니다.

Like a Virgin

팝의 여왕 마돈나의 노래 가운데 〈Like a Virgin〉이라는 매우 유명한 곡이 있습니다. 이 노래가 처음 나올 때 실제로 있었던 일입니다. virgin이라는 단어는 '처녀'라는 뜻으로, 성경험이 없는 여성을 가리키죠. 그래서 미국에서 잘 쓰지 않는 단어라고 합니다. 이런 단어가 떡하니 제목에 들어가 있는데, 이 노래가 어떻게 심의를 어떻게 통과했을까요?

애초에 이 노래의 가사에는 virgin보다 더 엄청난(?) 단어들이 많이 들어 있었다고 합니다. 그러니 심의에 들어갔을 때 심의위원들이 가사를 다 잘라냈겠죠. 그때 음반회사 담당자가 "다 자르더라도 virgin만은 살려주십시오!"라고 했고, 너무 많이 잘라 다소 미안한 마음이 있었던 심의위원이 virgin은 그냥 놔두었다고 합니다. 사실, 음반회사의 원래 목적은 virgin을 살리는 것이었기에, 더 안 좋은 단어들을 일부러 가사에 집어넣었던 겁니다.

물론 이 방법을 너무 많이 쓰면 오히려 역효과가 납니다.

←→

마음의 작은 빛 2.

"내가 양보할 테니,
당신도 양보하세요."

고객을 환호하게 만드는 건 불가능에 가깝습니다.
고객의 기대는 끝이 없고,
우리가 만들어내는 성과의 수준은 한계가 있습니다.

내가 양보하면
고객에게 마음의 빚이 생깁니다.
그것이 고객을 움직이게 만듭니다.

Unexpected Amusement,
고객에게 예상치 못한 놀라움을 주세요.

에필로그

이 책은 제가 그동안 중간계 캠퍼스에서 강의한 내용을 정리한
것입니다. 강의는 많이 해와서 익숙했지만, 강의 내용을 글로
정리하는 것은 쉬운 일이 아니었습니다. 전달하려는 의도는 많
은데 마음만 앞서니 차분하게 풀어내기가 참 어렵더군요.

이 책은 지금까지 심리학에서 다룬 연구 가운데 비즈니스에
적용하기 좋은 내용을 제 나름의 관점으로 선정해 정리한 것입
니다. 심리학 논문에는 다양한 관점과 많은 함의가 들어 있기
에, 강의 내용을 책으로 만드는 작업이 더 어려웠던 것 같습니
다. 그럼에도 비즈니스를 시작하시려는 분들, 사업에 어려움을
겪는 분들에게 미력하나마 통찰을 전달해드리면 좋겠다는 마

음으로 원고를 마무리할 수 있었습니다.

이 책에서는 크게 4가지 내용을 다루고 있습니다.

1. 논리와 감성의 설득 프로세스
2. 행동 점화
3. 증거와 비교
4. 상호성

첫 번째, 이 책에서는 논리보다는 감성적 내용이 소비자 선택에 훨씬 더 큰 영향을 준다는 것입니다. 어찌 보면 논리는 감성적 판단을 내리기 위한 일종의 도구일지도 모르겠습니다. 아무리 좋은 내용이라 하더라도 마음에 내키지 않으면 선택하지 않게 되고, 또 반대로 아무리 나쁜 내용이라 해도 마음에 들면 그냥 선택하는 성향이 높으니까요.

그러니까 사람의 선택은 논리의 탈을 쓴 감성의 선택이라고 봐도 무방할 것입니다. 사람을 설득할 때 논리가 중요할까요? 감성이 중요할까요? 감성이 훨씬 더 중요합니다.

←→

그런데, 이것을 뛰어넘는 또 하나의 기제가 앞서 한 행동이 그다음 행동을 결정짓는다는 것입니다. 이것이 바로 두 번째로 다루었던 '행동 점화'입니다.

좋아해서 행동하는가, 아니면 행동하니까 좋아지는가? 둘 다 맞습니다. 그러나 전자는 저절로 일어나는 과정이고, 후자는 노력이 필요한 과정입니다. 비즈니스 환경에서는 후자가 필요한 경우가 더 많습니다. 좋아서 하는 것이 아니라, 억지로라도 해야 하는 일들이 많은 것이죠. 목표를 세우고, 노력을 하다 보면 그 일이 좋아집니다. 그것이 사회생활입니다. 원하는 결과를 얻기 위해서는 행동 계획부터 세울 필요가 있는 것입니다.

세 번째, 사람은 증거가 있어야 행동하게 됩니다. 증거를 보고 비교 과정을 거쳐서 선택을 합니다. 그러니까 먼저 '증거'를 보여주는 것이 필요합니다. 증거만큼 확실한 것도 없습니다. 그 이유는 무엇일까요?

사람의 환경에 절대적인 잣대가 없기 때문입니다. 모든 것이 상대적인 이 세상에서 사람에게 확신을 주는 것은 증거입니다.

그러니까 증거를 만드는 작업이 필요합니다. 구구절절하게 말할 필요 없이 그냥 증거를 제시하고 확신을 유도하면 됩니다.

네 번째, 상호성도 중요하죠. '눈에는 눈, 이에는 이.' 수천 년 전 함무라비 법전에 기록된 말입니다. 이것은 매우 강력한 설득의 도구입니다. 내가 도와주면 상대방이 도와주고, 내가 미워하면 상대방도 미워합니다. 당연한 절차입니다. 이런 상호성을 이용해 여러분의 비즈니스를 어떻게 발전시켜 나갈지, 몇 가지 연구를 살펴보며 고민하는 시간을 가졌습니다.

다양하고 심도 있는 심리학 연구들을 최대한 이해하기 쉽게, 적용하기 쉽게 전달하려고 노력했지만, 역부족인 점을 인정합니다. 염치 불고하고 이 책이 비즈니스를 시작하시려는 분, 현재 어려움을 겪고 계신 사장님들에게 작게나마 도움이 되기를 바라는 마음뿐입니다. 건승을 빕니다!

2020년 12월
신병철

설득 없이 설득되는
비즈니스
독심술
ⓒ신병철 2020

1판 1쇄 인쇄 2020년 12월 14일
1판 1쇄 발행 2020년 12월 21일

지은이 신병철
펴낸이 황상욱

기획 윤해승   **편집** 윤해승 이은현
디자인 this-cover   **마케팅** 최향모
제작 강신은 김동욱 임현식   **제작처** 한영문화사

펴낸곳 (주)휴먼큐브
출판등록 2015년 7월 24일 제406-2015-000096호
주소 03997 서울시 마포구 월드컵로14길 61 2층

문의전화 02-2039-9462(편집) 02-2039-9463(마케팅) 02-2039-9460(팩스)
전자우편 byvijay@munhak.com
ISBN 979-11-6538-273-5 03320

트위터 @humancube44   **페이스북** fb.com/humancube44